読みなおす日本史

古代日本語発掘

築島 裕

吉川弘文館

古代の日本語
——「はしがき」にかえて——

我々日本人は自分たちの言葉——国語を大切にしない。日本人は、文化全般について、ヨーロッパやアメリカに対してコンプレックスを持っているのだが、言葉についてもその通りで、英語やフランス語の方が、日本語より高級な言葉だと思っている。日本語を正しく話すといっても誰も何とも思わないが、英語やフランス語を達者に話せる人は、すぐれた人間であるかの如き錯覚に陥っている。言葉そのものについても同様で、国文法と言えば十人中九人までは嫌な学科だと思っているが、英文法だと一生懸命やる学生は多い。内容が無味乾燥なことはどちらも同じようなものだのに、やはり英語の方が魅力ある言葉なのかも知れない。

このようなわけで、国語について、一般の人々は極めて知識が乏しい。国語には何年ぐらいの歴史があるのか、系統論はどうなのか、国語の発音の構造はどうなっているのか、英語やフランス語と比べて、どのような点に特徴があるのか、国語の文法体系はどうなのか、国語の語彙にはどの位の種類があるのか、現代人は毎日の生活に何語ぐらい使っているのか、このような質問に対して、即座に解答の出来る人は極めて少数だろう。専門的立場から見ると荒唐無稽な日本語系統論がベストセラーになるなどは、その一つの現れだと思われる。でたらめな物理学の本が何十万も売れるというようなことは、一寸想像も出来ないことだのに、国語学の世界ではそれが実現しているわけだ。国語についての体系的研究を行う文化科学に「国語学」という学問があるが、そのような学問があることすら、世間には殆ど知られていない。東京大学の文学部には「国語国文学専修課程」という名称のコースがあるが、このコースで国語学の卒業論文を書いて卒業する学生は一学年に一人か二人しかいない。学生諸君の中でも、高等学校時代にはおろか、大学に入学してからでも、このような学問のあることを知っている人は非常に少数なのである。

数年前から、私は高等学校の国語の教科書の編輯に参画するようになって、編輯委員の現場のヴェテランの先生方の話や、各地の高校教育の視察などから、又、文部省の指導要領や検定規準などから、現代の高等学校の国語教育の実態を、おぼろげながら知るようになったが、それについての私の感じを率直に言うと、それは未だに国文学中心主義であって、国語学というものは殆ど零に等しいということである。これは恐らく明治以来の、更に遡れば中世以来の、長い伝統に基くことだと思うのだが、『万葉集』・『古今集』・『源氏物語』・『平家物語』といったような、古来のいわゆる「古典」を中心に教材が並んでいて、それを解釈し鑑賞し、そして我々の祖先の思想を体得するというのが「国語科」の主目的なのである。勿論、文法というものも取上げられていて、この点で国語学の一面が教授されることになってはいるけれども、それは飽くまでも、古典教材を解釈するための方便に過ぎない――近頃はやりの「解釈文法」「古典文法」などという言葉からもその性格が窺われると思うのだが――のである。その他、国語の歴史的変遷というようなことも、教材の中に一往はあるにはあるが、極くいいいいかいなでのものでしかない。

国語――日本語は、世界に数多くある言語の一つであるが、それは又、世界でもそれほど例が多くない程、文化的な深い歴史を担って来た言語である。戦争中のように「言霊の幸はふ国」などと称して、日本語の優越性を妄信し、外国語を極端に排斥したりすることが、全くお話にならないことは今更言うまでもないけれども、そうかといって、最近のようなカタカナ・ブームの時代になると、千数百年の歴史を担って来た日本語も、あと何十年かの内に滅亡するのではなかろうかと、真面目に考えざるを得なくなって来る。

このような日本語軽視、外国語妄拝の風潮がどうして生じたのか。根本原因は、外国に弱いという日本人の通弊であろうが、一面では、日本人の自分の言葉への愛着が薄いということが、それに拍車をかけていることは間違いない。そして、このような無関心さが、何処から来ているかと云えば、それはやはり、高校までの学校教育にもその罪の一斑があるように、私には思われてならないのである。

国語教育の中で、国語学が歓迎されなかった一つの大きな原因は、それが文学でないから、内容上の興味がなく、従って教育上適切でないという考え方である。しかし、「数学」「物理学」「歴史学」

などは中学の時から体系的に教え始めている。「国語学」もこれと同じように、体系的に教育するのが何故悪いのだろうかと思う。むしろ数学や物理学と同じように、論理的体系そのものについての興味を生徒に喚起させるべきではなかろうか。国語の音韻体系・文法構造・語彙構成などから、国語の歴史の体系的説明・方言学の概要など、もっと組織的に教科書に取入れられなければならないのであり、それが体系的に教授されれば、生徒の方でも、もっとこの学問の内容に興味を持つようになり、惹いては国語というものについての一般の人々の関心も、今よりも遥かに深く強くなって行くものと信ずる。

国語への関心は、先ず第一に、自分達が日常使っている現代語について、起るのが自然であろう。ただ、文学でも、絵画でも、音楽でも、人間の文化活動と云われるものが、すべて過去の蓄積の上に、現代が成立っているように、現代の国語は、過去千数百年間に亘る歴史を背負っている。我々が毎日使っている現代語を真に知るためには、過去の国語を知らなければならない。殊に、我が国語のように、文化的な重みを担って来た場合には、その必要性は、格別に大きいと見なければならない。

しかし、国語の歴史の研究は、必ずしも盛に行われているとは言えない。国語学者と言われる人の中でも、国語史を専攻している人は案外少いのであり、千数百年の歴史がある以上、当然、専門分野は各時代に分れるとなれば、時代ごとの専門家は一層少数となってしまう。先程も述べたように、将来国語学を専攻して行こうとする学生は、東大でも一学年につき一名か二名であり、他の幾つかの主要大学でも大体同数位の現状だから、将来もそれほど盛になって行くとは思えないのである。このように学者人口が少いから、世間一般にも国語学が普及せず、教育界でも確乎たる地位を保つことが出来ないのであり、又それが基になって、研究者が増えないという悪循環を来していると思われる。

私は二十年来、平安時代の国語、殊に訓点資料と言われるものを中心に勉強して来た。十年一昔というけれども、もう二昔にもなった。私が研究を始めた頃に生れた人達が、大学院の学生となっている。二十年といふ年月は確に長いようでもある。しかし、私としては、瞬時に過ぎ去った時間のように感ずる。その間に自分の為して来たことは、果してどれほどの分量があるのか、又如何程の価値があるのか。私としては、この道一筋に、殆《ほとん》ど脇目もふらずに進んで来たつもりではあるが、すべて学問というものがそうである如く、天才の一瞬の閃《ひらめ》きは、凡才の数十年の努力に優ることが往々にしてあるもので、光輝ある数々の天才的な先学の諸業績を見るにつけ、己が駑才《どさい》を喞《かこ》つことも屢々《しばしば》である。私がこのような著述の筆を執ることは、考えて見れば全くおおけなき次第ではある。しかし、現在の世潮を見、殊に国語問題や国語教育についての、世間の人々の関心や態度を見るにつけ、やはり一介の国語学者として、何等かの啓蒙的な活動を試みることも、やはりそれなりに有意義な仕事であると痛感するので、敢えて筆を執った次第である。

国語への愛ということが、色々な場合について言われる。国語教育でも、国語問題でも、恐らくこれは、あらゆる立場の人々から、異口同音に発せられる言葉であろう。しかし、その意味は、唱える人によって種々様々のようである。しかし、愛ということはそれに先立って、それを知ることが要求される。正しい知識なしに愛することは無意味である。国語への正しい知識は、国語への愛の基礎である筈である。

言語の学というものは、冷厳な学問であるという見方が、世間の一部にあることは確かである。国文学は人間の心情の機微に触れるけれども、国語学の方は、無味乾燥な言語の現象面だけを追い、それを忠実に記述することばかりやって、全く人間味が無いというのである。勿論、言語学も文化科学の一として、冷厳に事実を記述認識することは、第一の段階として必要不可欠のことである。しかし、それだけで終ってはならない。言語には必ずそれを話したり書いたりした人間がある。その人間は、電子計算機とは違うのであって、必ず或る理性を以てその言葉を発したのであり、書誌したのである。その人間の言語をめぐる理性——一般にこれを言語意識と称しているが——を、言語の外面上の現象の背後に、正しく把握することが、どうしても大切である。殊に、前にも述べて来たように、長い文化の歴史を背負って来た日本語であるから、話手書手の意識・無意識に拘らず、その言語意識は厳として存在するのである。殊に、古代語の場合、それはすでに石や紙などに文字の形で記し付けられて今日まで伝えられて来た、我々の祖先の文化財であるが、それらは、当時としても、その場限りの口頭の言葉とは異なり、夫々の場合について、何等かの意味での文語的要素を具えていたし、又それに伴って、種々の意味での価値観が伴われて来た。その価値観というものは、必ずしも現代のそれとは一致しない。本来は、漢字を重視し、仮名は文字通り「仮《か》の字《な》」であったのであって、漢字に比べて価値の劣った、一時的なものに過ぎなかった。その意識は、現代のそれと比べて喰違《くいちが》う点はあろうし、理解しにくい点もあるかも知れない。しかしそのような時代に、そのような環境の中に国語は置かれていたのであり、そのような制約を受けつつ、国語は展開して行ったのだという事実は、それを直視しなければならない。

漢文の古訓点資料というのは、貴重な国語史料として国語史学者から重視されて来た。これが研究資料として取上げられたのは明治の末頃であるが、その後三十年余りの間、即ち昭和十年代までは、それまで唯一の平安時代の国語資料であった所の、和歌和文の類からは得られないような、好都合な材料が得られる特殊な文献として尊重されて来た。しかし、訓点資料の研究が順次進歩するにつれて、この種の文献の備えている性格が次第に明かになって来た。訓点資料というのは、平安時代の国語資料として重要であるが、それは、和歌和文の欠を補うものとしてではなく、それ自体独立した資料としての存在価値を有するものであることが知られて来た。それには和歌や和文とは、異った体系を持った音韻・語彙・文法を具えて居り、それは、漢文を訓読するという、特別な環境の下における、特別な意識の齎《もたら》した産物であった。所で、今、ここに「特別な」と云ったけれども、それは、我々から見たとき、和歌・和文に対して特別なのであって、当時の人々の意識としては、特別というよりは、むしろ、この方が最も本格的な、正統的な言語であり、それは、口頭語とは少々かけ離れた、文章語的性格を持ったものなのであった。

更に、最近の研究によると、この訓読の用語というものは、儒家と仏家とによって異り、更に又、儒家の中でも、家によって、古い訓法を守る家、新しい訓法を積極的に取入れている家など様々あり、又、仏家の中でも、奈良時代から続いた古い宗派は、平安時代になってから興った天台宗や真言宗よりも古い語法を多く残していたし、天台・真言の中でも、真言の一派は他よりも保守的であるなど、様々の事情があった。そして、訓点は、最初は、随時記入されたその折々の当座の訓法だったのだが、平安中期から後期にかけての頃から、訓法が固定するようになり、前代のよみ方が利点という形で次々と伝えられて行くようになった。従って、訓点の言語というものは、平安後半期に入ると、当時文章語的であったという性格の他に、更に一時代前の言語を伝承的に反映しているという性格までも含んでいることが判明して来た。しかも、このような複雑な性格を持った言語が、当時の国語の中でも、最も格式の高い言語として遇せられていたのであり、この言葉を基として、記録体の言語、漢字片仮名交り文の言語などが発達して行き、惹いては、中世以降の国語文の中核をなした所の、和漢混淆の文体の一つの大きな源泉となったという事実がある。

本書では、この、訓点資料というものの研究をめぐって、私が踏んで来た経験を披露し、それによって、古代の国語というものは、どのようにして研究するのか、又、その研究の結果、どのような成果が現れたか、ということを幾分なりとも一般の方々に知って頂きたいと思うのである。従来の国語史の研究が、何時頃から、どのような人々の努力によって積重ねられて来たかということから説起し、それらの業績を踏えて、最近の訓点研究がどのように発展しているか、それが国語史研究全体の上にどのような寄与をしているかを説明したい。そして、私自身が進んで来た研究の方法、資料採訪の実態なども、若干織り込んで行くつもりである。ただ、内容のぎごちない点や、読者にとって理解しにくい点も少くないと思われるが、その点は何卒御諒恕をお願いしたいと思う。

学生社社長鶴岡阷巳氏が本書執筆の話を持ち込まれたのは、もう既に久しく前のことであったが、その後、長い間約束を果すことが出来なかったことを申訳なく思っている。

最後に、この出版にあたって種々御高配を頂いた学生社社長鶴岡阷巳氏、編集部長大津輝男氏の御厚意に、心から御礼を申上げたい。又、実際の編集、校正等に当っては、大津氏から大変御世話になった。重ねて厚く御礼申上げたい。

昭和四十四年七月

築島　裕

目　次

一　古点本の謎

国語学とは、国語、即ち日本語を研究する学問である。上にも述べたことだが、中学や高校の教科の一つにある「国語」とは、内容が違う。教科の「国語」の大部分は、国文学であり、日本の文学を取扱っている。文学も、最近は書誌学的研究が盛になって来たから、研究の分野によっては、随分あちこち旅行して廻る研究者も増えたが、世間一般の人々からは、文学の研究者も、小説家も区別のつかないように思込まれている。精々、書斎で文学でも読んでいれば、それで研究が出来る位に考えられていることが多い。

国語学も、以前のように、国文学の補助学科のような立場にあった時分には、或る程度、それでも済んだろう。所が、最近は、国文学から独立した純粋の言語学となって、国文学では顧みられないような資料、例えば、古寺の天井板の落書とか、講義や法談の聞書とか、古代の楽譜などを取扱うようになり、新しい資料を採集する為に、方々の土地を訪れる国語学者が多くなって来た。又、現代語の研究を取上げて見ても、最近では、テープレコーダーを使ったり、電子計算機で大量のデータを処理したり、又は索引を作成したりするし、又、方言研究者は、資料調査で全国津々浦を跋渉する。このように、近頃の国語学者は、研究部門の古代現代を問わず、書斎に閉じ籠りっ切りで研究に没頭するという型はむしろ少なくなって来た。

国語は、いうまでもなく、口から発する音声か、そうでなければ紙に書かれた文字などの形を取るもので、直観的に目に訴えるものが少い。殊に古代の国語の場合は、紙に書いた文字だけが殆ど唯一の手掛りであって、同じ古代の研究でも、古墳の発掘とか、古い社寺の建築や彫刻の調査などのような、一般世人の目に立つものと違い、あまり目立たない、地味なものである。従って、それらの研究は、世間に知られることが少く、古代の国語を研究するのに、どうして全国を歩き廻らなければならないか、了解に苦しむ向も少くないように思われる。それで、最初に、そのことについて、少し許り説明をしておく必要があると思う。

一口に、昔の国語と云っても、その時代によって資料の状態は様々だし、それに伴って研究方法も色々である。日本語で書かれた文献は、大体七世紀（推古・藤原時代）から多くなるが、その頃は、まだ断片的なものに過ぎない。所が八世紀（奈良時代）になると、相当の分量になって、当時の国語が体系的に知られる程になって来る。『古事記』・『日本書紀』・『万葉集』、それに「正倉院文書」などの国語資料が多数現存している。かような文献は、その殆ど大部分が写真複製、又は活字翻刻などの形で、公刊されている。未公刊の奈良時代の文献には、最近藤原・平城宮址から発掘されている木簡などもあるが、それらは極く僅かである。奈良時代語だけを研究する場合には、それらの刊行物だけ

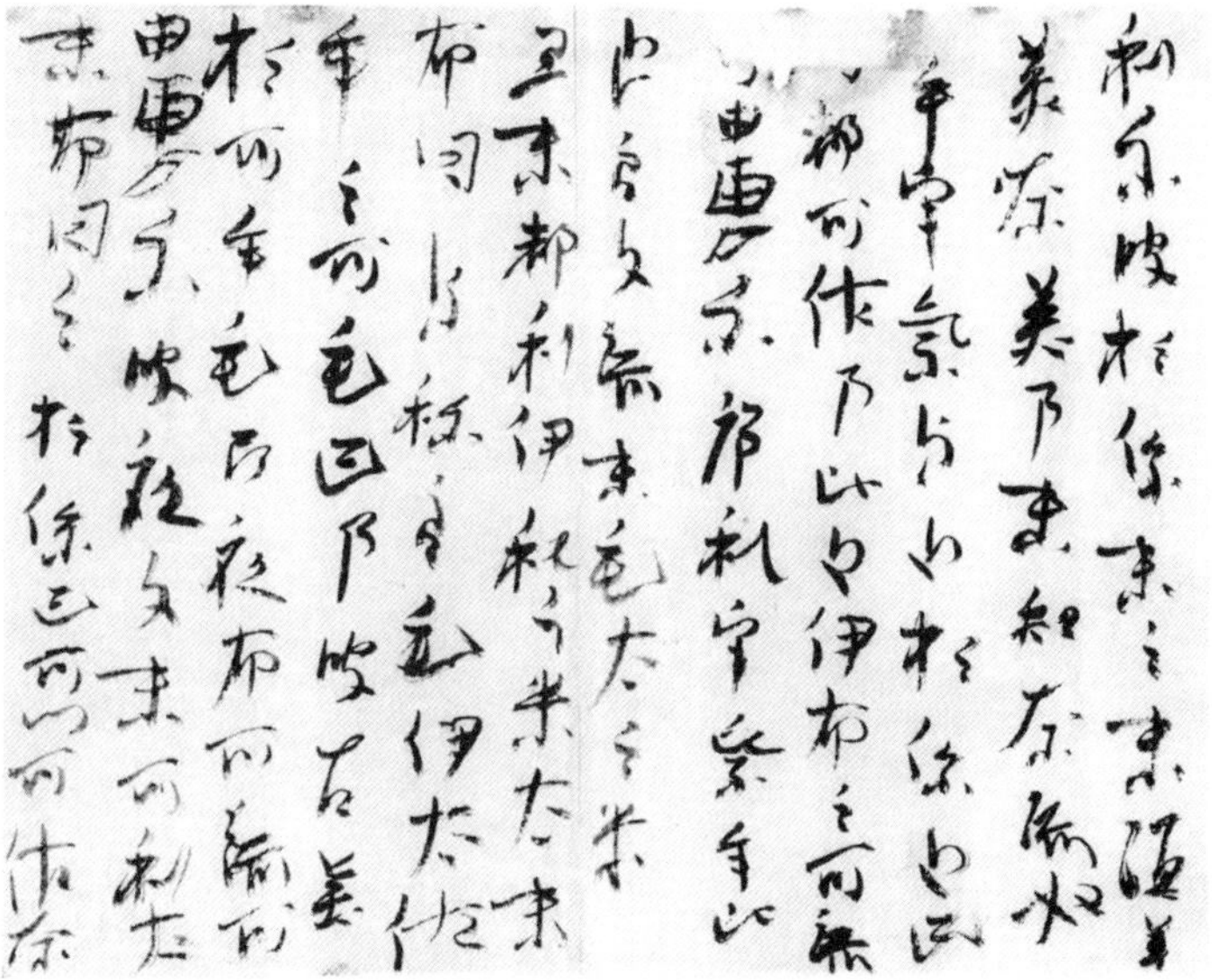

正倉院文書（天平宝字6年（762）頃の万葉仮名文書。南京遺文による）

に頼って、机の上だけで仕事をすることも必ずしも全く不可能ではないだろう。

奈良時代の次の時代、平安時代（九世紀―十二世紀）に入ると、俄然様子が変って来る。この時代は、『古今集』・『源氏物語』というような、日本文学史の上の優れた作品が数多く生み出された時代であって、勿論これらの文献もその当時の国語の研究資料として重要なものである。しかしこれらの他に、平安時代には、公私の間に行われた手紙の類や、公卿の書いた日記や、色々な行事の次第を書留めた記録や、坊さんの説教を聞きながら書き留めた聞書や、職人が天井板に書いた落書などのように、実に種々雑多な文献が、国語資料として登場して来るのである。これらの文献の中で、『古今集』・『土左日記』・『源氏物語』というような、文学作品の類については、古くから多くの人々の研究が積重ねられて来ており、殊に戦争中から戦後にかけては、現存する古写本によった本文批判の業績が、飛躍的に発達した。本文批判というのは、Textkritik の訳であって、例えば、『土左日記』や『源氏物語』のように、その原著者自筆の「原本」が現存せず、後の時代の写本や刊本だけしか残っていない場合、そしてその写本や刊本が一つだけでなく幾種類かある場合、その写本相互の間に本文の異同があって、完全に一致することはないのが常である。そのような場合、相違する本文と互に比較し、又写本の系統を調査して、Aの写本の本文と、Bの写本の本文とどちらが原本の姿を伝えているのか、或いはそれらの何れとも違うCという本文が古い原本の姿であるのか、というようなことを研究するのである。『土左日記』や『源氏物語』などの平仮名文献は、平安時代の国語資料として、以前は、信憑性が低かったものであるが、この本文批判の研究が進んだ結果、その信憑性も大分高くなって来た。しかしそれでも、平安時代の写本そのものが殆ど発見されていない現在としては、どうしても完全に信頼し切ることは出来ないし、又本文批判の研究の進んだ文献にしても、『伊勢物語』・『古今集』・『土左日記』・『源氏物語』、その他若干の文献だけに止まるのであって、『竹取物語』・『宇津保物語』・『枕冊子』などでは、未だ十分信頼するに足るような校定本文は得られていない現状である。

訓点資料という種類の文献を、始めて国語史料として取り上げたのは、故大矢透博士であって、その時期は明治の末頃であった。大矢博士は、明治三十六年の頃、高嶺秀夫氏所蔵の『法華文句』という古写経を見られた際、その行間などに白墨や朱墨などで書込まれた古い訓点があるのに着目し、これを調査すれば、古代の仮名の変遷の歴史を明にすることが出来ると考え、京都奈良の古寺を歴訪して資料を蒐集し、それを年代順に整理して、『仮名遣及仮名字体沿革史料』一冊を、帝国学士院から公刊した。明治四十二年のことである。この本は、平安時代初期から室町時代に至る間の約七百年間に亘って、主要な文献五十種を選び出し、各々について書誌的解説、仮名の字体、仮名遣《づかい》、傍訓語彙などを注記して年代順に配列したものである。この書物は単に本文の影模や抄録配列だけのものであって、大矢博士は殊に論を立てては居られないけれども、この本を通覧することによって、仮名の字体が歴史的に変遷して行くものであること、平安初期、中期（西暦九、十世紀）は、未だ区々で統一が無かったが、院政時代（十二世紀）に及んで漸く現在に近い形を整えるようになったことを知ることが出来るし、又、「仮名遣」の欄を辿って行けば、平安中期までは、ア行の「エ」とヤ行の「エ」とが、仮名の字体の上にも区別があって明瞭に書分けられていたこと、長保（九九九―一〇〇四）の頃から、「カヲ」（顔・古くは「カホ」）・「ウヘキ」（植木・古くは「ウヱキ」）などのような、仮名遣の混乱が生じ、それが時を経るにつれて益々劇《はげ》しくなって行くこと、などを明瞭に知ることが出来るのである。

大矢博士

この『仮名遣及仮名字体沿革史料』は、実に国語史研究史上の画期的な名著であり、我が国語史学が、真に近代科学の文献学的実証主義の方法によって発足した、その第一歩の輝かしい業績である。勿論、五十余年を経た今日から見れば、個々の点では、不十分な部分も少くないけれども、現在でも尚、その研究上の価値を失わないものであって、稀に古書肆に見えても、非常な高価を呼んでいるが、このことからも、その事情は窺われると思うのである。

大矢博士はその後、奈良に居を移して正倉院聖語蔵の調査に専念し、この書の続篇を次々に刊行されたが、老年に及んで研究の一切を春日政治《まさじ》博士に委ねられた。

春日博士はその業を継ぎ、奈良から九州大学に移られた後にも、主として正倉院を始めとする奈良の諸古寺にある古い訓点本の調査を続けられた。その訓点は主として平安初期（西暦九世紀）のものであって、丁度国語資料の乏しい時期にも当っているため、国語史上の空白を埋めることにも役立ったのであって、国語史学の発展に資する所が多大であった。殊に、昭和十七年に刊行された『西大寺本金光明最勝王経古点の国語学的研究』二冊は、平安初期の古訓点を施したこの古経十巻全巻について、その本文の写真と訳読文とを示し、更にその訳文に基いて、音韻・文法など、国語学の全分野に亘って詳密な考究を加えられた大著であって、研究者にとって大きな指針となった。

この他、京都大学の吉沢義則博士も、夙《つと》に訓点研究を手がけられ、殊に古訓点の一つの要素であるヲコト点については、大矢博士に魁《さきが》けて多くの論考を遺された。又吉沢博士の跡を継いで、京都大学の遠藤嘉基博士の研究もあった。遠藤博士は、訓点資料の言葉の性格について論じ、『源氏物語』などとは語脈の相違することを指摘された。一方、東京教育大学の中田祝夫博士は、厖大な訓点資料を博く求め、その上に立って種々の独創的な論を展開されたが、中でも、ヲコト点の系統論は、先人未到の新分野を開拓されたものである。この他、島根大学の大坪併治博士、広島大学の小林芳規氏などの業績も著しいものがある。

第二次大戦後、国語学は多くの方面で顕著な発達を遂げたが、訓点資料研究の分野は、殊に目覚しいものがあった。戦前は、古寺の経蔵や好事家個人の秘庫に奥深く収蔵されて、研究者の目に触れることが少かったのであるが、戦後の社会的な大変動によって、それまでの所蔵者の手を離れて坊間に流れ出たことも多かったし、又、世間の風潮が万事が解放的になって、研究者にとっては、閲覧の機会が多くなったことは明かな事実である。訓点資料は、何れも非常に貴重な文献であって、宝物や骨董品として扱われているようなものだから、このような風潮は、研究者にとって、非常な幸であった。

そのようなわけで、戦後始めて学界に知られるようになった資料は極めて多いし、又、名称だけは知られていたけれども、戦後になって始めてその内容が公開されるようになったものも、多数に上っている。

資料が豊富になればなる程、研究が進歩することは勿論である。戦後の訓点研究の進展が目覚しいのは、当然の成行であったと思うのである。

それでも、訓点資料の大部分は、依然として古寺や蔵書家の秘庫に蔵せられており、公開図書館とは違って、自分の都合の良い時に出掛けて行って一寸見て来るというわけには行かない。然るべき紹介を経て、書物を拝見したい由を申出て、所蔵者の許可を得た上で、日時も、先方の都合に合せて出向いて行かなければならない。所蔵者としても、貴重な書物であるから、信用の置ける人でなければ見せられるものではないし、又、無暗《むやみ》と貸出して万一紛失毀損でもされたら、他に買替えることの出来ない、かけがえのないものであるから、慎重に振舞われるのは、むしろ当然である。拝見する側にしても、そのような貴重な本は、或る場合には数百年来、代々秘庫に伝えられて来たものであり、或る場合には、千金万金を投じて購求されたものであるから、それを一介の学究の為に示されるのは深い厚意であると考えなければならない。その本に尊重の念を抱き、開覧を許された所蔵者に感謝の念を以て接しなければならないことは言うまでもない。

愈々《いよいよ》原本を拝見するという時は、喜びの中にも一種言い知れない緊張感を懐くものである。特にそれが長年念願していた書物であった場合、それまであれこれとその内容について想像を巡らしていたものが、愈々眼前に現れて来る。又、既に先学によって紹介されている資料であっても、自分の眼でじかに手に取って見れば、必ず何か新しい知見を得るのが常である。

このように、資料を集めるのに、全国各地を旅行して廻らなければならないし、又、その日時も自分の思うようには行かない、となると、必然的に研究の内容そのものも、制限されて来ることは、止むを得ないことである。或る一つのアイディアが浮んで、このようなことを研究して見たいと思っても、思い立った翌日から、必要な資料を見て廻るということは、とても出来るものではない。少くとも三年、五年という年月をかけて、その間に徐々に目的の資料を見る機会を捉えるようにして行かなければならない。

しかし又一方では、遠路出かけて行くのであるから、一つだけではなく、幾つかの文献を併せてお願いすることもあるし、又、思いがけず予期しなかった文献が見られることもある。その間、予想もしなかった収穫を得たり、又、新しい研究テーマを思い付いたりすることが少くないものである。又、実際に古い寺院などに足を運んでいる内に、そこに古くから脈々と流れている伝統的な雰囲気のようなものが感じ取られて、平安時代の寺院の有様なども、僅かながら推量されるようになり、古い訓点が、どのような環境の中で加点されて行ったかというようなことまで、朧気《おぼろげ》ながら浮んで来るようなことも少くないのである。書斎に籠りっ切りの生活からは、このような分野の研究は、決して進展しないであろうということを、二十年の経験の中から、覚り始めた此の頃である。又その間、旅情を愉しんだり、行く先々で多くの方々の厚意に触れたりして、人情の温かさを沁々と感じたことも再三でない。この度重る旅行の間に、人生勉強も進んだ面があると思われるほどである。この分野の研究に必要なことは、勿論、天才的な才能が第一であるにしても、それを望めない我々としては、本を見たいという熱意と、所蔵者の方々に対する誠意と、それから相当無理な旅行スケジュールにも耐えられるだけの健康と、この三つの条件が備わっていれば、或る程度の成果は期待出来るのではないか、と思うようになって来た。

二　足で発掘する古代日本語

古点本と言っても、一般の人々には理解し難いことが多い。仏教教学や歴史学や書誌学などに詳しい学者でも、古訓点のことについて深い関心を払う人は非常に少い。前にも少しは触れたことだが、ここで更に若干の解説を加えることにしたいと思う。

いささか我田引水の嫌はあるが、古訓点と古文献との関係は、極めて深く、又重要だと思う。言うまでもなく、訓点とは、その漢文を読解した人の手跡であって、訓点の性質が知られれば、その読解者の性格も判ることになり、その本が、どのような人々の間に伝承されて来たかを知ることが出来る。殊に平安後半期以後になると、本文の書写者と訓点の加点者とが同じ人であることが多くなって来るから、訓点の性格を調べると、直ちにその本を書写した人の性格までも判る場合が多い。

一口に訓点と言っても様々ある。古い経典の類は殆ど大部分は写本である。その写本に、墨筆で仮名を加えたもの、朱筆で仮名やヲコト点を加えたもの、更に白色の胡粉で仮名やヲコト点を書加えたものがある。これらを夫々墨点、朱点及び白点と称している。時には、青、緑、橙、紫のような絵具を使うこともあり、又時には角筆《かくひつ》と称して、鉛筆位の長さで先を尖らせた象牙製の用具によって、紙面に傷をつけて文字を示すものがある。

又、これらの訓点には、夫々時代による特性がある。白点というのは平安初期、中期（九—十世紀）に多く、平安後半期になると極く少くなる。白点本であれば、大体、平安初期又は中期、つまり平安前半期と見て差支無い。朱点は、最も長い期間に亘って使用されたものだが、平安前半期のものは、多くは色が淡くて、訓点を加えたかどうか判別に苦しむものすら少くない。それに対して、平安後半期の以後のものは、概して鮮明で明確に加点されたものが多い。墨点は、平安初期の遺品は殆ど無い。ただ、紙背に万葉仮名などを書付けたものが一二見える。東大寺図書館所蔵の『法華義疏』巻第十二の裏書などはその例である。橙色、褐色等は朱墨の一種とも見られようが、藍、緑、紫など種々の彩具を使ったものは、平安前半期から既に見えており、各時代に亘って見えるが、その数は多くない。角筆の点は平安初期から鎌倉時代まで例がある。

東大寺図書館（改築前）
左手の建物が閲覧室で右手の建物が収蔵庫であった。

平安時代の多くの点本は、仮名ばかりでなくヲコト点を併用している。仮名だけのものは、平安極初期のものを除けば、院政時代以後のものが多い。訓点の仮名は、文字であるとは云いながら、多分に符号的性格を持ったものだから、平仮名のように書道的に前の時代の字体を承継ぐのではなく、時代と共にその字体が変遷して行くことが多い。現在では、漢文の訓点の仮名と言えば片仮名に統一されているのが普通であるが、古くは片仮名ばかりではなく、平仮名、万葉仮名も交ぜて用いていた。大まかに云えば、平安初期（九世紀）には、万葉仮名がまだ相当に残っており、草仮名、平仮名も混じている。平安中期（十世紀）になると、万葉仮名は殆ど影を潜めるが、平仮名の類はまだ若干残っていた。平安後半期（十一世紀）になると、仮名の類も姿を没し、殆ど片仮名専用となるが、後世の字体とは異った異体字の類が、まだ相当に多く使用されている。ウの仮名にチ、キの仮名に木やさ、コの仮名にこ、スの仮名に―や欠、タの仮名に大、チの仮名に午、テの仮名にス、ニの仮名にケやㄥ、ホの仮名に呆やロ、ミの仮名にア、などがその例である。これらの異体字が見えている時は、大体平安後期（十一世紀）と見て大きな誤は無い。

院政期（十二世紀）になると、現行の片仮名字体と大体同じになって来る。しかし一二の仮名には未だ異体字が使われて居り、ホのロ、ミのア、ワの〇、ヰの井、キの＼、ネの子、などは頻に見られる。そして、この時期以後、鎌倉時代以降には、字体そのものの移り変りは、さほどないけれども、筆の勢が違うものであって、例えばアの仮名は、鎌倉時代頃まではアのように終画を止めることが多いが、それ以後になると、アのように左下に向ってはねるようになって来る。ウの仮名はもともと宇の冠であるが、鎌倉初期までは宀のように末尾が短く、もとの冠の形を残していた。それが、中世以降、ウのように終画の先が長くなった。シは本来之の草体でしのように終画が下を向いていたが、後に第二画が点となって第三画（終画）と離れ、終画が上向きにはねるようになった。レも、古くはLのように末画が横を向いていたが、大体室町時代以後は、今のように上に向ってはねるようになった。

かような字体の変遷を逆に利用し、仮名の字体によって、その書写年代を推定することが出来るのである。

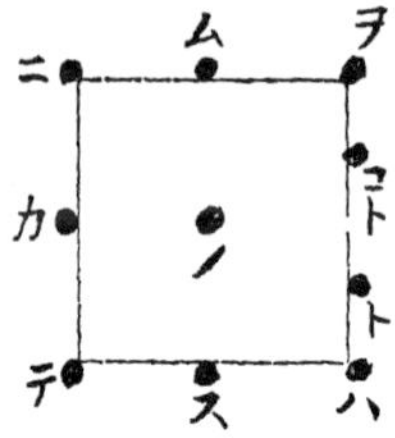

ヲコト点といえば、一般に上の図のようなものが知られている。確かにこの型式は、最も広く使用されたもので、或る意味ではヲコト点の代表と見ることも出来る。助詞などを「テニヲハ」ということがあるが、それはこの四隅の点を左下隅から右廻りに、左上・右上・右下と順に連呼したものである。「ヲコト点」という名称も、この点の右上のヲとコトとを続けて称したものである。しかし、このヲコト点が世に広く行われたのは鎌倉時代以後のことであって、ヲコト点の最盛期であった平安時代には、この型式のものは寧ろさほど多くはなかった。

平安時代に使用されたヲコト点の状態は、その初期と末期とで大分違っている。初期のものは、大体資料ごとに種類が別々で、同一のヲコト点を使ったものは殆ど無い。所が、平安中期頃から次第に固定したヲコト点が発生し、それが順次勢力を増して来て、院政時代に入ると、この固定した形式が大部分を占め、それに合わないものの方が寧ろ殆どなくなってしまう。その固定した形式というのは、約十種類ほどになってしまうのである。

中田祝夫博士は、平安初期以降の古点本を広く調査し、厖大な数の資料に基いて、すべてのヲコト点を八つの群に分類し、それらが何れも一つの起源から出て分化したという、「ヲコト点一元論」を創唱された。そして、各群に第一群点、第二群点……第八群点のように命名された。この順序は、大体、その点の古さの順によっている。そして、平安初期（九世紀）には第一・二・三・四群点だけで、第五群点以下は未だ出現しておらず、平安中期（十世紀）以後になって、始めて第五・六・七・八の各群が出現することを明かにされたのである。この中田博士の研究は、ヲコト点の体系と歴史の全貌を始めて明かにされたもので、劃期的な業績であった。

所で、平安初期・中期の頃には、種々様々なヲコト点が、使用されていたが、平安後期（十一世紀）に入る頃から次第に種類が少くなり、院政時代には、約十種類のものに絞られて来て、それ以外のものは滅多に使用されないようになってしまった。その十種類程は、いわばヲコト点の代表のようなものであって、学問の流派によって使用するヲコト点の種類も大体定るようになっていた。

「点図集」というものがある。『群書類従』にも「諸家点図」という書名をもった点図集が入っているが、この他にも写本として伝わっているものが沢山ある。その内容を見ると、収めてある「点図」の種類にも多いもの少いものがあり、又、同じ名前の点図でも内容の違うものがある。これらの多くの写本を集めて研究されたのが中田博士であって、その著『古点本の国語学的研究　総論篇』の中に

法隆寺の塔（右）と金堂

は、詳しい研究が収められている。所で、この「点図集」に収まっている「点図」に全部で何種類あるかというと、吉沢義則博士は二十八種とされたが、中田博士はその中「浄光房点」と「池上律師点」とが、名前は違うが内容は同じものであることを看破して、二十七種とされた。私は更に、「忍辱山点」と「喜多院点」、「三宝岳寺点」と「宝幢院点」がそれぞれ同じものであると考え、一方、「テニハル点」に二種類あると見て、都合二十六種と考えた。

この二十六種類の内、古点本に用例のあるものは十六種類だけであって、残りの十種類はまだ発見されていない。一方、「点図集」に入っていないヲコト点で、実際の古点本に見えるものは極めて沢山ある。今まで知られたものだけでも恐らく百種類を越えるであろう。

それでは、この「点図集」というものは、何時、誰が作ったものであろうか。これについては、未だよく分らない点が多いのだが、多分、十世紀末から十一世紀にかけての頃、作られたもののように思われる。九・十世紀頃に使用されて、後には亡びてしまったヲコト点は全く載せられておらず、逆に、「点図集」にあるヲコト点で、古点本に用例のあるものは、大体、十世紀末頃以後の点本の用例ばかりだからである。

次に、「点図集」にあるものの中で、殊によく使用された代表的なものを、二三取上げて述べて見よう。

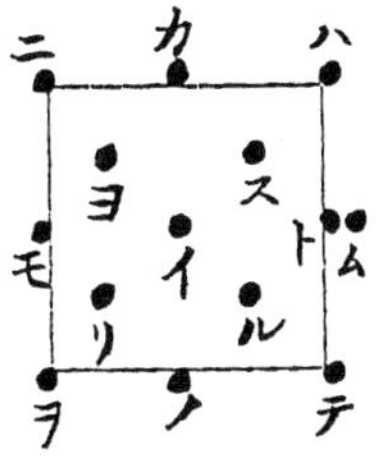

一　喜多院《キタノイン》点（中田博士の「第二群点」に属するもの）

上のような星点（・を星点という）を持ったものである。南都興福寺、法隆寺などの法相宗の学侶の間に、行われたもので、中田博士は、元興寺法相宗の明詮大僧都が使用したヲコト点であったかと推定されている。明詮大僧都（七八九―八六八）は法相宗の碩学であった。「喜多院」とは、興福寺の塔頭の一つで、今の奈良県庁のあたりに、明治の始めごろまであったそうである。

明詮の点を移したというものには、一律にこの点が使用されており、平安後期に入るとこのヲコト点を使った点本は極めて多くなる。中川成身院（真言宗）などでも、この喜多院点が使用されるようになった。この寺の開基中川少将上人実範は、興福寺で法相宗学を研究した僧であったから、この寺で喜多院点が用いられたのも、理由のあることなのである。

この点を加えた点本は、法相宗興福寺・法隆寺又は成身院の本であると考えて先ず誤り無いものである。

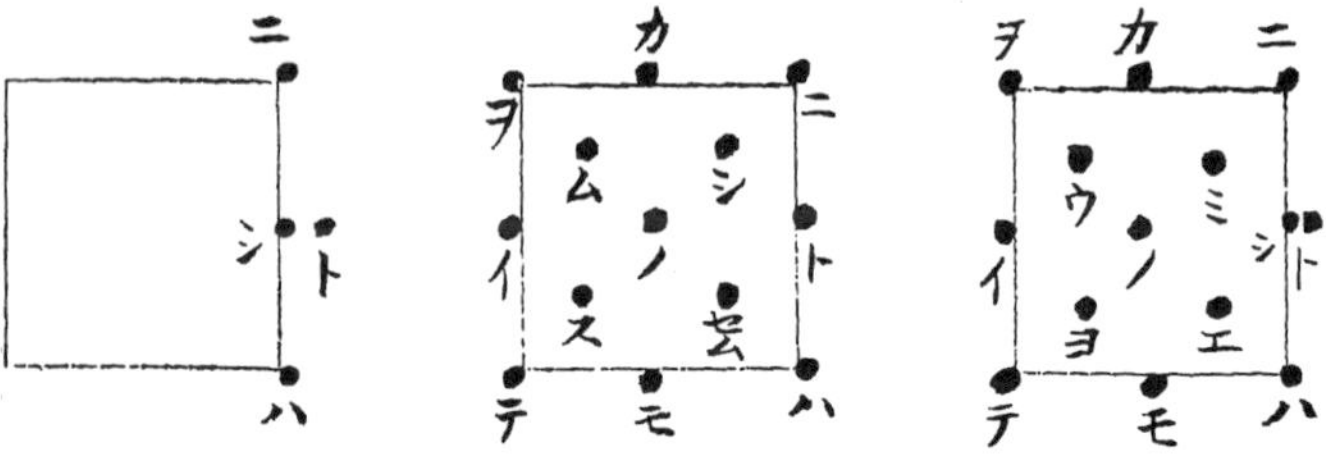

二　西墓《ニシハカ》点（第一群点）

上のような形式のもので、右肩から星点がニ・シ・ハ・カという順で並んでいるので、この称がある。「西墓」というのは、勿論宛字である。この点の祖点は既に平安初期から存するが、点図集通りの西墓点は、平安中期から存在した比較的古いもので、天台宗寺門派（三井寺園城寺）の僧侶が使用した。この点がある点本は、寺門派のものと考えて差支ない。

三　仁《ニ》都《ト》波《ハ》迦《カ》点（第一群点）

上のような形式で、西墓点と比べると右辺中央のシがトに入替っている。しかし四隅の星点はテヲニハとなっていて西墓点と同じであり、中田博士はこれらを総括して第一群点と称せられた。

仁都波迦点は、天台宗山門派（比叡山延暦寺）の僧徒の所用の点であったらしい。但しこの形式が完成するのは平安後期、十一世紀の半頃からで、十一世紀前半には、上図のように右辺の中央の星点が、西墓点と同じく、シとなっており、他の線点などは仁都波迦点と同じだけれども、この部分だけは西墓点と一致している。仁都波迦点は、あまり勢力が振わず、鎌倉時代には既に衰えていたらしい。

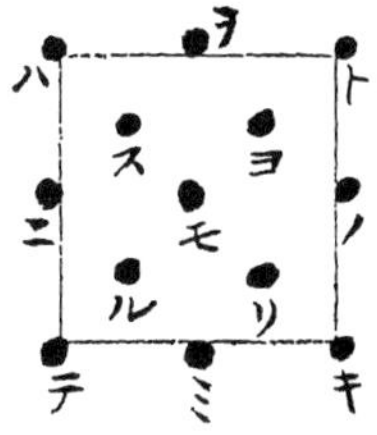

四　東大寺三論宗点（第三群点）

左下隅からテニハヲトノキミの順で右に廻るもので、祖点は平安初期から存在する（中田博士の第三群点）が、点図通りの東大寺三論宗点は、十一世紀の初頭から存在する。名称通り東大寺の学侶に用いられたが、その他、醍醐寺、高野山などでも使用された。

五　中院僧正《チユウインソウジヨウ》点（第三群点）

東大寺三論宗点と星点の大綱は同じだが、それに壺の内部にあった点がこれには無く、四辺の上及びその外方に星点のあるのが特徴である。中院僧正というのは真然（八一一—八九〇）のことと云われるが、実際にはもっと新しく、小島僧都真興（九三五—一〇〇四）や高野山明算（一〇二一—一一〇六）がこのヲコト点を使用しているのが古い例である。しかし壺の四角形の外方に星点のある方式は、平安初期加点の大唐三蔵玄奘法師表啓の古点（第三群点）に存する位で、他に例の少いものだから、案外古い伝統を承継いでいるのかも知れない。

この点は高野山の一部の学侶に用いられたが、あまり勢力は強くなかった。尚、この壺の四角形の外方の星点は、院政時代初期頃の点本には使用されているが、後には亡びたらしく、「点図表」にも見えていない。

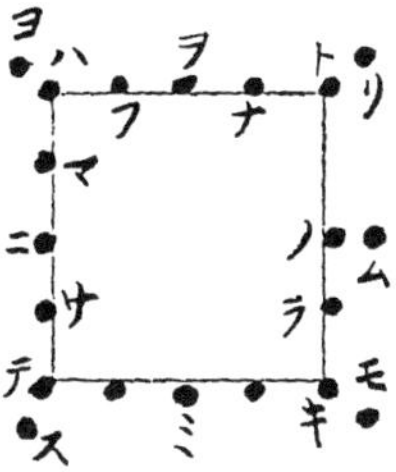

六　天仁波流《テニハル》点（第四群点）

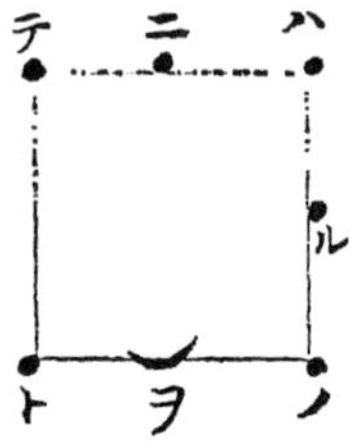

左上から右へテニハルと連呼するのでこの称がある。「点図集」に「天仁波流点」と称して収めているものに、実は二種類あって、星点だけは同じだが他の線点などは全く異なるものである。この点の祖点は既に平安初期に見え、中田博士はこれを第四群点と命名されているが、平安中期以降、この点を用いた点本は、さほど多くない。そして、それらのヲコト点は何れも区々であって「点図集」と合致するものは一つもない。

この点は院政時代には天台宗比叡山に行われていたものと思われるが、院政時代には既に衰退期に入っていたらしく、結局、固定した形を持たないままに亡びてしまったものらしい。

七　円堂《エンドウ》点（第五群点）

左下から四隅にテニヲハとなるものである。真言宗仁和寺を中心に行われたものである。「円堂」というのは、仁和寺の中にあった塔頭《たっちゅう》の名で、宇多天皇の開基と伝えられている。テニヲハ点を中田博士は第五群点と名づけられた。その祖点はあまり古くまでは上らず、九世紀極く末頃かと考えられる。もと天台宗の学侶の点であったのが、宇多天皇（寛平法皇）を通じて仁和寺に流入したものかと思われる。仁和寺は平安後半期には既に真言宗となっていたが、草創当時は天台

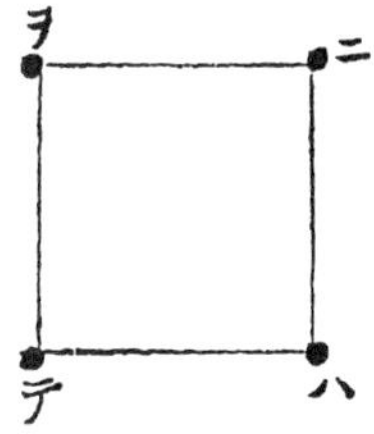

宗の寺院であった。天台宗では古く平安初期に第一群点（テヲニハ点）が行われており（上図左）、このヲとニとを左右に入替えて第五群点（テニヲハ点）が、天台宗の中で作られたかと、中田博士は推定されている。円堂点は十一世紀に入ってから見出されるもので、真言宗の仁和寺、東寺、高野山、などで行われた。第五群点（テニヲハ点）に属するヲコト点の種類は極めて多く、「点図集」に収められているものでも、円堂点の他、浄光房点、香隆寺点、乙点図、遍照寺点、池上阿闍梨点、智証大師点などがあるが、浄光房点・香隆寺点、乙点図を使用した点本があるだけで、他は未だ実際の使用例を見出していない。

八　宝幢院《ホウドウイン》点（第七群点）

上図のようなもので、天台宗比叡山に行われたものである。「宝幢院」とは比叡山にあった僧房の名である。これは中田博士が第七群点と名附けられたもので、平安後半期、十一世紀の前半頃から現れるものである。中田博士は、他点とは独立に新に創案されたものとされるが、私は、仁都波迦点・天仁波流点などを基として改変作成されたものではないかと想像している。

平安後半期に仏書に現れるヲコト点の大部分は、右に掲げたものの内の何れかである。勿論これに合致しないものも若干あるが、全体から見れば、その数は微々たるものであって、例外的であるに過ぎない。

この他、仏書以外の漢籍には、これらとは少し違ったヲコト点があった。大体、漢籍の点本で、平安時代のものはほんの数点しか残っていないから、全体の趨勢を把握することは非常に困難であるが、現存の資料、及び鎌倉時代以後に伝承された訓点などから想像する所によると、大体次のようである。

大体、漢籍の訓読というものは、平安初期以来長く、仏家ではなく俗家の所管であったらしく、大学寮の博士や学生の職に在った人々が主として関与していたようであるが、平安中期以後になると、この博士の職が一定の家柄の出身の人の間だけに世襲されるようになって、ここに「博士家」と呼ばれる家が発生し、各家ごとに一定の訓法が伝えられるようになった。

平安初期の漢籍の点本には遺存するものが無く、当時訓点が行われていたか否か詳でない。ただ若し訓点があったにしても、ヲコト点は無くて、万葉仮名等の仮名だけが使用されていたのではないかと想像される。平安中期に入って、宇多天皇（八六七—九三一）宸翰と伝える『周易抄《しゆやくしよう》』という点本があるが、これには訓点が加えられていて、ヲコト点が使用されている。このヲコト点は、中田博士の第五群点に属するもので、即ち、テニヲハ点の一種であるが、上図のように、テニヲハ以外は後の博士家点などとは大いに異っている。このヲコト点は、実は天台宗比叡山の僧憐

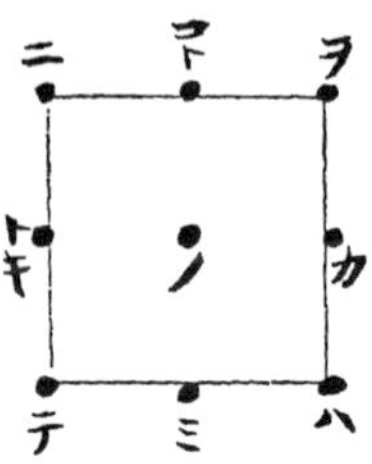

昭の、寛平八年（八九六）の訓点を、天暦五年に移点した、石山寺本の『蘇悉地羯羅《そしじから》経略疏《きょうりゃくしょ》』と殆ど同一のヲコト点らしい。宇多天皇は、天台宗比叡山に帰依することが厚かったから、そのヲコト点も天台宗所用のものが伝承されているのであろう。このヲコト点は、宇多天皇の開基である仁和寺に伝わったものらしく、石山寺旧蔵、東京教育大学現蔵の『金剛頂三摩地法』の天暦三年（九四九）点を見ると、これ亦同じヲコト点が使用されているのである。この点は、仁和寺僧寛空の弟子、多分寛忠僧都あたりの訓点であって、宇多天皇から伝えられて行ったものと思われる。

何れにせよ、この周易抄は、漢籍に加えられた現存最古の点本ではあるけれども、そのヲコト点は仏家点の一種であって、未だ漢籍特有の点法ではないのである。

所が、この後、『漢書楊雄伝』天暦二年（九四八）点（これは藤原良佐の加点）や、『古文尚書』延喜天暦頃点、『毛詩』古点（天暦頃）、『漢書周勃伝』古点（天暦頃）、『日本書紀』の推古紀・皇極紀古点（長保頃）などを見ると、テニヲハの点は変らないけれども、それ以外の、コト・トキ・ノ・ム・ス・カなどの位置が種々様々であって、一定していない。大体西暦九世紀から十世紀の始め頃までは、未だヲコト点が流動的で、種々の異った型式が併用されていたらしい。十世紀後半になると、『史記』延久五年（一〇七三）点（大江家国加点）、『文選』康和元年（一〇九九）点、『白氏文集』天永四年（一一一三）点、『史記』大治二年（一一二七）点、『文選』保延二年（一一三六）点などの資料が現われる。これらは何れも歴史書又は文学書であって、大学寮の中でも紀伝道で行われた書物であるが、これら

が何れも殆ど同一のヲコト点を使用していた。それは

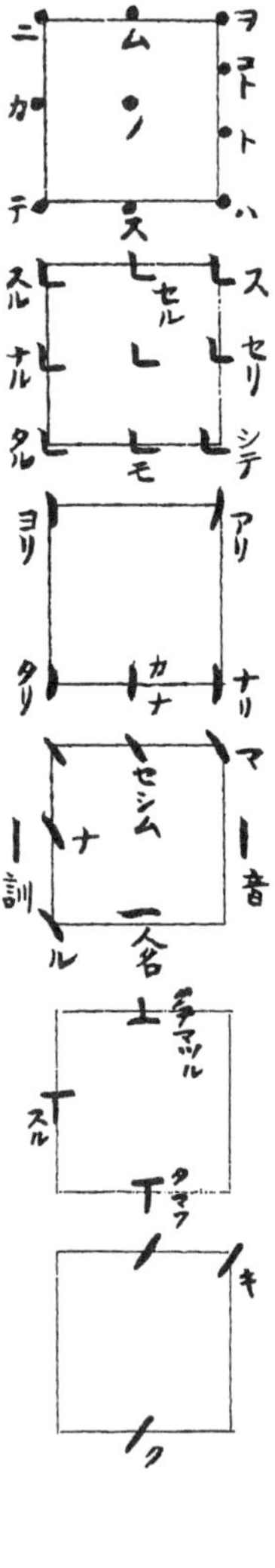

のようなもので、「点図集」にある無名の点図の一つと同一のものらしいのである。この点には名称が無く、中田博士は仮に「丙点図」と命名されたものだが、これが紀伝道で古く行われていたものであった。これは後にはあまり伝わらなかったらしく、鎌倉時代に入ると、「紀伝点」と称するヲコト点が出現して、紀伝道関係の書物にはそれが使用されるようになるが、それは比較的新しく出現したものなのである。

一方、院政時代に、紀伝道と並んで大学寮の一方の旗頭であった明経道の方はどうであったかというのに、資料が乏しくてよく判らないが、保延五年（一一三九）に清原頼業が移点した『春秋経伝集解』には、次のようなヲコト点が使ってあって、これは、「点図集」の「明経点」というものと全く同一である。恐らく、この点は清原家でその当時行われていたもので、鎌倉時代以降、清原家などでは、専らこの点が使われるようになったのである。

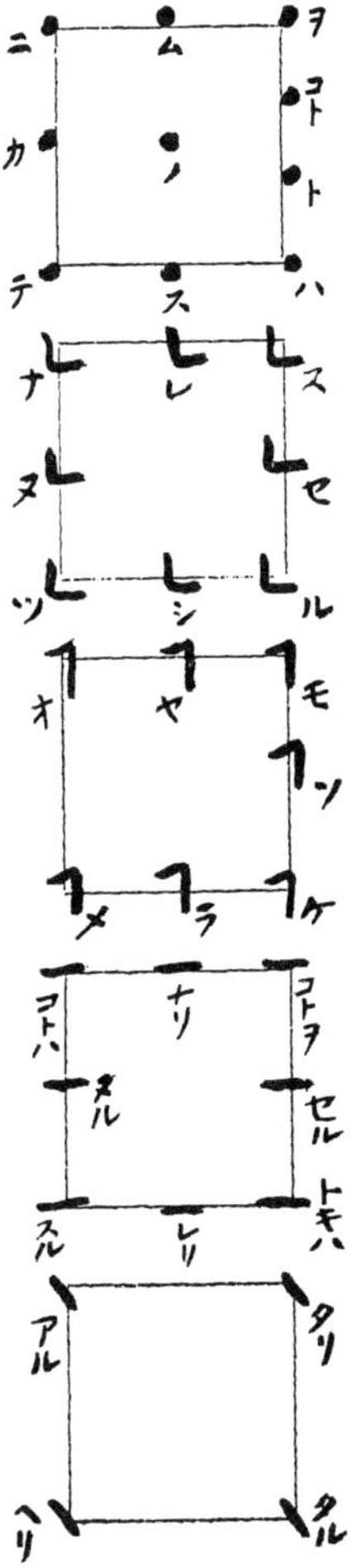

以上が、平安時代のヲコト点の概要である。鎌倉時代以後になると、概して衰微して行き、仮名だけの点本が多くなって来る。ヲコト点も、喜多院点、西墓点、宝幢院点、東大寺三論宗点、円堂点など、極く限られた数種のものだけになってしまう。漢籍の方は比較的伝統性が強く、紀伝点又は明経点が附けられているものが多い。

このようなヲコト点は、少し馴れれば、一目見て何点であるかという見当はつくようになる。しかし細部に亘ってまでは、仲々一々符号まで覚えていられるものではないから、資料採訪の際には、必ず「点図集」を携行して行く。中田博士の『古点本の国語学的研究　総論篇』附載のヲコト点図録はすぐれたものであって、私は必ずこの本を持って出掛けることにしている。

平安後半期のものは、大体これで間に合うけれども、前半期のものは、「点図集」に載っている点図と合うものは殆ど無いから、どうしてもその資料を基にして、自分で帰納しなければならない。帰納の際には、出来るだけ多くの同じ位置の同じ符号を集めて考えなければならない。テニヲハノトのように、頻繁に出て来る点は用例も多く、それ程苦労無しに帰納出来るが、用例の少い複雑な線点などは、どうしても訓法を定められない場合も少くない。又、平安前半期のものは白点が多いが、白点というのは剝落して非常に見にくいものであり、太陽光線を背中にしてやっと見えるようなものが多い。それが又、往々にして別の種類の白点を二重に重ねて加点している。そのような場合は誤読することも起り易いから殊に注意しなければならない。

所で、愈々原本を披見する段になると、その調査について特別の配慮が色々必要になる。千年も前の古文献で、皆貴重品であるから、取扱いにはどんなに慎重にしても慎重過ぎるということはない。最近は週刊誌やポケット版の氾濫で、本を読み捨てる癖が付き、書物を乱暴に取扱う風潮が強い。新入の学生諸君に対して、私は始終注意するのだが、古い本を見る時には、先ず、前に必ず手を洗って来ること、本の取扱いは正坐して、できるだけゆっくりと扱うこと、本を机の上に乱雑に置かないこと、閲覧途中でも必ずきちんと整理しておくこと、本の上に別の本を重ねて置かないこと、インキやボールペンを絶対に使わないこと、頁をめくる時に手に唾をつけないこと、勢良くめくらず、出来るだけ静かにめくること、紙面を強く押えたりこすったりしないこと、これらはどうしても必要は心得である。殊に巻物の場合には、特別に丁寧に扱わなければならない。左から右へ少しづつ開くこと、読む部分以外は巻いておくこと、必ず両手で持って巻き開くこと、紙面をこすらないようにすること、巻き戻す時には、緩過ぎず固過ぎず、適度に巻かなければならない。上と下とがずれてラッパ状にならないように、ゆっくり丁寧に巻かねばならない。紐はきちんと作法通りに端を挿むようにしなければならない。閲覧途中で食事や喫煙をするのは、本を汚損する大きな原因である。一般に、心を落着け、精神を集中していなければ、どうしてもその本の真価を見あらわすことは難しいと思う。

訓点本の中でも、平安後期以後のものは、朱点や墨点が多いから、割合に見易く、電灯の下などでも、支障ないことが多いけれども、厄介なのは白点の場合である。前にも一寸触れたように、白点と一口に言っても、濃いもの淡いもの、様々であるが、大半は胡粉が剝落していたり、時には、一度記入した訓点を故意に洗い落したりしているから、それを読取ること自体、非常に難しい。一番良いのは、晴天の日、窓際で、背を外に向けて、部屋の内側に向って坐り、日光を背中から受けて、経文を少し持上げて見るのが、一番見易い。しかし、お寺によっては、暗い建物の中のこともあるし、生憎その日が曇天や雨天だったりすると、折角の白点も、全然読めない。昨日は曇で何も見えなかったのに、今日は晴天で白点がくっきりと見える、というようなことはよく経験するのである。しかし、日程が限られている調査だから、その日が晴天であることを願うばかりで、曇だったり、殊に雨だったりするときは、運が悪いと諦めざるを得ない。それでも諦め切れないようなこともしばしばある。

朱点、墨点、白点の他に、角筆点というものがある。これについては、小林芳規氏が、角筆点資料を最も多く発見され、又それについて詳しいすぐれた研究を次々と発表されている。角筆というのは、象牙等で作った鉛筆位の長さの先が尖ったもので、その先で紙面に傷をつけるのである。これは、正面から見たのでは大抵見えない。一寸した角度の工合で浮び上って来るのである。これは白点とは逆で、太陽光線に向って見た方が見える場合が多いようだが、仲々一律には行かないらしい。紙の皺と区別しにくいようなこともある。小林氏によると、裏打をする時に、鏝《こて》で紙を延ばすことがあって、そのような時には、この角筆まで鏝で消されてしまうことがあるらしいそうで、東洋文庫の『古文尚書』と東山御文庫の『古文尚書』とは互に僚巻で、平安中期の角筆点があるのだが、前者は角筆が相当はっきり見えるのに、後者は鏝のせいでよく見えなくなっていて残念だと話しておられた。

同じ箇所に二度三度と別の訓点を加えることがある。白点と朱点と墨点というように、三種類もの点のあることも稀ではない。甚だしいものになると、国立国会図書館の『大毗盧遮那経《だいびるしゃなきょう》』のように

①薄い白点（平安中期）
②薄い朱点（平安中期）
③濃い白点（治安二年〔一〇二二〕）
④濃い太目の朱点（嘉承二年〔一一〇八〕）
⑤褐色の点（保安二年〔一一二〇〕）
⑥星点（室町頃）
⑦鮮明な細目の朱点（近世）

のように七種類もの訓点が重っているものがある。それらの内、どれが古くてどれが新しいのか、その加点の順序を定め、奥書の筆とどれが対応するかを見極めなければならない。殊に白点が重っていたり、朱点が重っていたりすると、どちらが古いのかを見極めるのは非常に困難である。ともすれば主観や先入観に煩わされ易い。このような場合は、虚心坦懐に見究め、又暫く日時を置いてゆっくり見直すことも必要である。右の『大毗盧遮那経』にしても、十年前に見た時には五種類位しか判別出来なかったのだが、最近更に見直した所が、このようであることが判ったような次第である。

ノートの取り方は、その資料により、又調査の目的によって様々である。しかし本の体裁、奥書、仮名字体表、ヲコト点図などは、原則として各資料ごとに作製する必要がある。尤も、仮名が二三ヶ所位しかないような文献では、仮名字体表やヲコト点図は殆ど出来ないし、又その必要ないこともある。字体表や点図は、その場になって一々罫を引いていたのでは時間が勿体ないから、予めプリントしたものを用意して行く。こうすれば、後からの整理にも大変便利である。

訓点は全文の点を写す場合と、一部分だけを抜書する場合とがある。勿論、全部写すのが理想的だけれども、一々そんなことをやっていたのでは、恐らく何百年か生きなければ間に合わないだろう。資料の価値の軽重を見定め、自分の研究の目的を考え合せて、必要なものは全文の点を写す。それも、時間が許すときは、本文から、その原本に従って写すのが一番良い。しかし漢文を書くのは非常に時間がかかる。日時の限られた調査の場合は先ず不可能である。そのようなときは、予め原文だけを、

符號	ン	ワ	ラ	ヤ	マ	ハ	ナ	タ	サ	カ	ア
	給	ヰ	リ		ミ	ヒ	ニ	チ	シ	キ	イ
	奉		ル	ユ	ム	フ	ヌ	ツ	ス	ク	ウ
	事	ヱ	レ		メ	ヘ	ネ	テ	セ	ケ	衣エ
	時	ヲ	ロ	ヨ	モ	ホ	ノ	ト	ソ	コ	オ

	點	白朱墨	寫書	點加	在所
			年（　）	年（　）	

昭和　年　月　日　調査

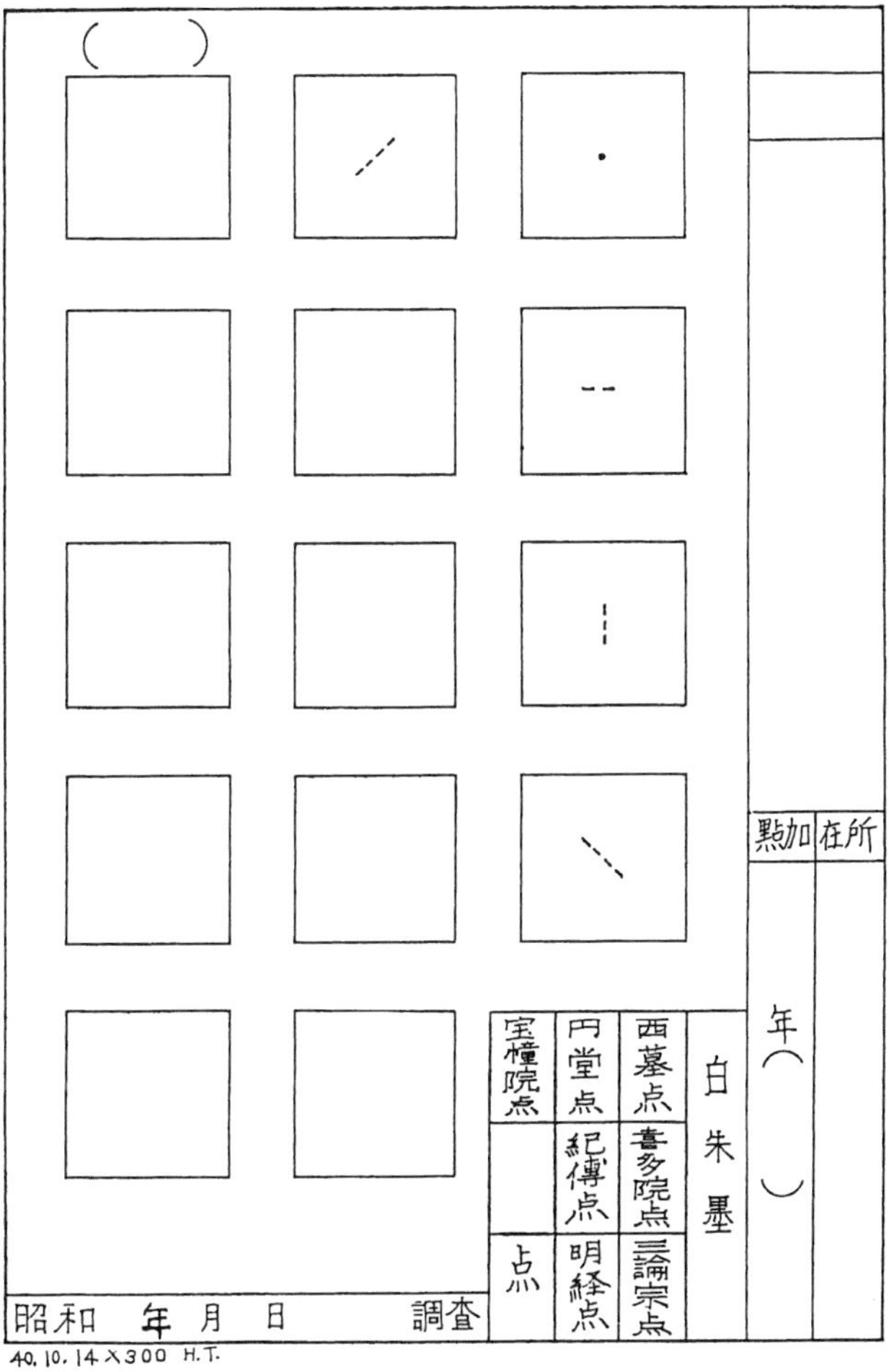
點加
在所
年（　）
白
朱
墨
西墓点
円堂点
宝幢院点
喜多院点
紀傳点
三論宗点
明経点
点
昭和　年　月　日　調査
40.10.14×300 H.T.

印刷された本などによって原稿用紙に写して持って行き、それに点を書写すのである。写真も必要である。しかし古訓点の場合には写真だけで間に合うことは先ず無いと考えねばならない。墨点はその点一番具合がよいが、それでも虫喰の穴と区別出来ないことが多い。朱点は薄い灰色に写ってしまうから、写真だけでは非常に見にくい。白点に至っては、九割までは殆ど写らない。ただ、紙の色が濃い褐色などで、白点がはっきりと出ているような場合、稀に写真でも見えることがあるが、決して十分とは言えない。写真を取っておいて、それと別に、先に述べたように点を写す。これが我々の調査の方針である。

写真も大部年月を重ねたので、あまり上達はしないものの、何とか用を弁ずる程度のことは出来るようになった。しかしやはり素人であり、撮影専門でなく、調査の合間にやることだから、仲々専門家のようには行かない。しかし近年求めたニコンFは、接写装置の重いのが困るけれども、非常に鮮明に、又失敗少く撮影出来るので、具合が良いと思っている。

三　資料の海

私は昭和二十年に東京大学に入学した。しかし、その年の三月から終戦の時まで、海軍航空隊にあって、大学生として校門をくぐることが出来たのは、戦争が終った年の秋からであった。国語学をやりたいという気持は大学入学前から持っており、又、漠然と古代語をやって見たいという気もしていたが、未だ具体的にどんなことをするかについては、全く目当てもなかった。

本郷の文学部国語研究室は幸に戦災を免れていた。又、その貴重な蔵書も、一時長野県か山梨県辺に疎開してあったが、それも無事に戻って来た。研究室は、その前々年に京城から来任された時枝誠《もと》記《き》先生の許に、大野晋博士（現在学習院大学教授）や永野賢氏（現在東京学芸大学助教授）や山田俊雄氏（現成城大学教授）がおられた。正規の講義や演習の他に、これら先輩の指導される研究会や、国語研究室会という先輩・学生を含めた研究会もあって、我々学生は随分忙しかった。戦後の食糧難時代だったから、殺人列車に乗って芋の買出しなどにも出掛けねばならなかった。年中空き腹

時枝先生

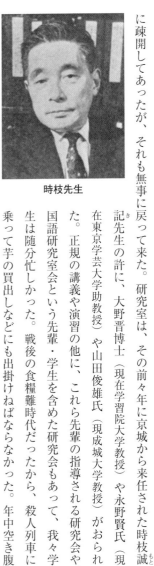

を抱えているような生活だったけれども、研究室は活気に満ちて居り、昼休などは談論風発、時には時枝先生も加わって下さったりして、実に気持の良い研究室だった。一方、昼休以外は談話禁止、図書の貸出は一切禁止というような厳格な面もあったが、研究室に行けば何時でも必ず必要な本はある、又静粛で落着いて勉強出来るということで、それらは、我々の勉強する気構えのために非常に良いことであったと思っている。

東京大学国語研究室は、上田万年《かずとし》博士が、欧州留学から帰朝されて、ドイツの大学制度に範を取り、明治三十年に日本で始めての研究室を創設されたという伝統を誇っている。不幸にして大正十二年の関東大震災の厄に遭って、多くの蔵書が灰燼に帰したが、その後、上田博士、及びその後を嗣がれた橋本進吉博士などの御尽力によって、追々蔵書も充実し、又、諸所から貴重な資料を借出して多くの影写本が作成されていた。国語学関係の研究文献などは主要なものは網羅されているし、写真複製本の類もよく揃っていた。

訓点資料というものがあることは、大学に入る前から知っていたから、研究室にある幾つかの実物を見て非常に興味があったし、複製本や影写本で訓点資料も相当にあったから、片っ端からそれを写したり、語彙のカードを取ったりして見た。春日博士の大著が出て間もなくの頃であったし、遠藤博士・中田博士などの論文や学会での発表など、格別に興味深く伺った。

国語学の理論的な面については、時枝先生の御説が、私の基本的な考え方の決定的要因となった。

訓点――訓読ということが、国語の表現、理解という行為の中で、どのような位置を占めるものか、その言語的性格を規定するに際しては、話手――訓読者の言語意識というものを、どのように捉うべきか、このような問題を設定し、又それに対決しようとしたのは、専ら時枝先生の理論たる、言語過程説の立場によるものであった。

食糧事情も悪く、空腹を抱えながらカードを取り、卒業論文を書いた。卒業論文を書いている最中は、経済的にも苦難の生活の時代だった。これは別に私の一家に限ったことではなかったが、戦災を受けて着のみ着のままの丸焼けになり、しかも父が給料生活者で、新円封鎖のために、月額現金が五百円しか無く、しかも育ち盛りの小さな弟が二人もいたのだから、その頃の両親の苦労は並大抵のものではなかったろうと思うのである。大学生の私は色々アルバイトもやって、少しでも家計の負担を減らそうとしたが、慣れない仕事は仲々思うようにも行かず、本を買うことも極度に不自由だった。訓点資料をやるには、旅行しなければならないとは思ったけれども、汽車の方は連日の殺人列車で、殊に遠距離旅行の場合は徹夜の行列をしなければ切符が買えないような時代だったし、それに経済的な余裕もなかったから、旅行の方は諦めて、先ず研究室にあった複製本や影写本から手を着けたのであった。

尤も、このやり方は、後になって考えて見ると、却って具合が良かったこともある。というのは、複製本や影写本になっている本は、本文の内容のすぐれたものが多いのだが、内容のすぐれたものは、良い訓点の附いているものが多いというものだからである。このような資料を基にして、先ず第一に自分の考えをまとめたことは、その後、多くの資料に接する際に、非常に好都合なことであったのである。

卒業論文は、最初は音便のことをやろうかなどと考えていたが、結局、訓点資料の語彙を中心とすることにした。それで、先に述べたような資料を、手に入る限り、次々と調べて語彙カードを作り、それを整理して語彙索引を作って行った。最初の内は、単に興味が中心で、辞書にも出ていないような珍しい語彙や、古代の国文学作品の解釈に役立つような訓点に興味があったが、カードを取っている内に、次々と色々なことを思いついた。『源氏物語』などの和文には、極めて語彙の種類が豊富であるのに、訓点では使われる語彙（和語）の種類が少く、同じ語が繰返し現れて来る。従って、当然のことながら、和文に出て来る語で、訓点に見えないものが多い。所が、その中には、「こころもとなし」「ゆかし」「おどろおどろし」のように、和文では極めて頻繁に使われる語でありながら、訓点に出て来ないものが、相当に多いことに気がついた。その内に、今度は逆に、訓点には屢々使用されている単語、例えばハナハダ、ヒソカニ、アタフ（与）というような語が、和文には殆ど出て来ないらしいということに気づいた。漢籍読とか博士読とか言われて、漢文訓読に特有な言葉があることは、以前から知られていたが、それらの他にも、漢文訓読特有の語が少からず存在する様子だということに気附いたのであった。

そこで、次の段階として、これらの語彙を全体的に広く調査して、体系的にこのことを確めて見たいと思った。それが成功すれば、卒業論文の種も何とか得られるだろうと考えた。

その当時は紙が不自由だった。ノートなども無くて、配給制だった。それも、新聞紙ほどの大判の藁半紙が配給されて、それを幾つかに折って切断し、それに定規で線を引いてノートに使ったりしたものだ。カードの用紙も、良質の紙は無くて、藁半紙を小さく切って使った。

今では『源氏物語』を始として、主な日記や物語の索引が多数刊行されており、それらにある語彙を探すことは大変容易になった。しかし昭和二十二年の頃には、そのような索引類は殆ど刊行されていなかった。山田孝雄《よしお》博士の『土左日記』附載のものなどが、総索引に近いものでは、殆ど唯一のもので、その他は、『雅言集覧』や、注釈書の巻末にある部分的な索引に頼るより他に手は無かった。

厳密に言えば、当然全和文資料の総索引を作った上でなすべき作業ではあるが、一二年の中に一介の書生の独力で果し得るはずがない。それで一往の目安をつける上で、『雅言集覧』をフルに活用することにした。『雅言集覧』は、江戸時代の末、石川雅望が編纂した一大古語用例集であって、古くは『古事記』・『日本書紀』・『万葉集』を始めとして、平安時代も、八代集は勿論、主要な日記物語の数を渉猟して、主な語彙は大抵網羅してある。『日本霊異記』、『今昔物語』から『文選』など漢籍の古訓にまで及んでいる。江戸時代に最初の部分だけは刊行されたが、全部刊行が完成したのは明治二十年（一八八七）のことであった。和紙に印刷した和装の五十七冊本と、洋紙洋装の三冊本とがあったが、和装本の方が安かったから、それを買込んだ。これの見出語を全部カードに取ったわけだが、この中には、上代の文献から『今昔物語』や古訓に至るまで、種々様々なものが混じているので、最初から或る程度は区別をしておく必要があると予測し、上代語、漢文訓読関係、和歌、和文、それに今昔など院政以後のもの、古辞書の訓などすべて六種類程に分けてカードを取った。

そのカードを取り終ってから、自分で作っておいた訓点語彙と一語づつ突合せて行き、共通する語彙、一方だけにしかない語彙などを区別して分類した。その結果、訓点資料だけに見える語彙、和文資料だけに見える語彙などが纏められたのだが、それらの中で、大体意味が同じだと思われるのに、双方で語形が違い、一方だけに用いられて他方には用いられないという組合せがあることに気附いた。

例えば、ハナハダとイミジク、タガヒニとカタミニ、ヒソカニとミソカニ、カマビスシとカシガマシ、…という具合である。この他にも、もっと語法的な面で、例えば、禁止を表すのに、訓点では…コトナカレ、…コトマナ、などの語法があるのに、和文では殆どこのような用法がなく、…スナ又はナ…ソという語法を用いる。同じ連体形なのに、訓点では必ずオナジキ声、…セザル船、のようにオナジキ、ザルを用いるのに、和文では、オナジ声、セヌ船のようで、オナジキ、ザルは出て来ない。このような対立関係が非常に沢山見附かった。これが五つや十ならば、偶然ということもあろうが、それが何十何百と見つかって来ると、これには何かわけがあるのだろうということを考えるようになった。

春日先生

この道では、故大矢透博士と故春日政治博士が二大先達であった。大矢博士は逝かれて年既に久しかったが、春日博士は、その頃既に定年退官しておられながらも、論文や著述や講演などに活躍せられ、九州から日本学士院の例会に御出席のため、毎月上京される程矍鑠《かくしやく》としておられた。博士は、上述のように、訓点資料を始めて独立した文献として体系的に取上げられたのを始めとして、数多の平安初期の資料などについて調査報告を発表された他、片仮名交り文の起源、和漢の混淆等のテーマについて、極めて示唆に富んだ勝れた論考を発表しておられた。博士の言は、数言の中によく深奥な理論を蔵せられ、私なども、自分の思付きが、実は博士が既に示唆しておられたことに、後から気附いたというようなことが屡々あった。

京都大学の遠藤嘉基《よしもと》博士は、戦時中から戦後にかけて、訓点関係の論文を続々と雑誌に発表されていた。博士は又、国語学会の公開講演会の講師として上京されたりして、親しく拝眉の折をも得たことであった。遠藤博士は、諸処の訓点資料を博捜し、学界未知の新しい資料を提示されつつ、この両語脈を、男子語脈と女子語脈との対立関係として捉え、論を展開されて行った。博士の御説からは直接間接に刺戟《しげき》・裨益《ひえき》を受ける点が少くなかった。

東京教育大学の中田祝夫《のりお》先生（その頃はまだ旧制大学の時代で、先生は東京文理科大学の助教授であられた）は、戦争中から雑誌に論文を書いておられた。その数はあまり多くはなかったけれども、その御研究の奥深いらしいことは、論文に引用された文献が極めて多く、又その立論の精緻なことから推測された。又その頃、国語学会の公開講演会で、「昔の片仮名」と題して、片仮名の字体に流派によって特徴があることを論ぜられたことがあった。その際の資料は極めて豊富であり、論旨も緻密であって、聴衆に深い感銘を与えられたものであったが、一介の学生であった私は、自分のような思い付きなどは机上の空論で、中田先生のように厖大な資料を扱われた目から見られたら、一たまりもなく崩れ去ってしまうようなものではあるまいかと、心ひそかに悩んだものであった。

私が学んだ東大文学部

そのような或る日、研究室で編輯している雑誌「国語と国文学」の誌上に、中田先生の論文が載ることになって、その校正刷を先生の許へお届けするという役目を仰せ付かり、恐る恐る鷺の宮のお宅へ伺ったことがあった。これが、個人的に先生にお目にかかった最初の機会であった。

その後、しげしげと先生のお宅に参上するようになった。その頃、先生の大著『古点本の国語学的研究　総論篇』の原稿が、未だ刊行されないままで堆《うずたか》く積まれていた。厚かましくも私はそれを拝見し、ノートを取らせて頂くことになった。朝から弁当持ちで一日坐り込んでいたりして、随分御迷惑をおかけしたものと、恥しく思う程である。

その内、中田先生は東京大学文学部に講師として出講されることになった。昭和二十三年四月のことである。その頃私は丁度卒業論文執筆の最中であった。毎日朝七時頃から夜十二時頃まで、食事の他は殆ど休み無しに机に向っていた。私は昭和二十年四月に入学したのだが、八月の終戦までは軍隊にいたから、復学した、というより始めて大学の門を潜って講義を受けたのは、昭和二十年の十月からだった。終戦直後は、次々と復員して来る学生のために、便宜的に一年が二期に分れ、卒業式が三月と九月と二度あった。学年単位試験も、三月と九月との二回あった。平素ならば、卒業論文の提出期限は十二月二十五日であったが、私は二十年十月から満三ケ年在学ということで、二十三年九月卒業、その為の卒業論文の締切は六月三十日だった。四月頃からは毎日二十枚か三十枚位ずつ仕上げて行くのを日課として頑張っていた。執筆用の資料の大半はノートとカードだった。本は買えなくて殆ど持っていなかったので、研究室へ出かけなければならなかったが、始終出掛けたのでは仕事にならないから、一週に一日位に定めておいた。四月からは中田先生の講義がある毎水曜日をその日と定め、午前中に先生の講義を伺い、午後から研究室で調べ物をすることにしていた。

中田先生には、自分の思い付いたことなどを恐る恐る申上げたりしたこともあったと思うが、先生は貴重な未公開の莫大な資料を貸与して下さったりして、学生の身分である私は本当に恐縮した。しかし前に述べた見通しが、いくらかの例外はあるにせよ、ひどく見当外れのことでもないらしいことを、それら拝借の資料などからも気附いて来て、心の中で少し安心したりしていた。

『源氏物語』や『今昔物語』などのような大部の作品は、その当時は索引は全く無いし、『雅言集覧』あたりでは、果して本当に語彙が網羅されているのかいないのか、大変心許無かった。殊に語法的な語彙の場合、その心配が大きかった。「ヒソカニ」「タガヒニ」……というような、私の仮に名附けた「漢文訓読特有語」なるものが、本当に『枕冊子』や『源氏物語』、『栄花物語』などに無いものなのかどうか、全文を隈なく探して見なければならない。勿論ゆっくりと詳しく意味を取りながら読む暇などはとても無い。字面を追うだけで、その語が有るか無いかを探すために、何度か通読した。(といっても実は「読む」という段階にまで行かなかったようなものだが) そして、「漢文訓読特有語」が、これらの作品の中にも原則として出て来ないこと、稀に出て来るとすれば、ある一定の条件の下にあるものだという見当がついた。

こんなことをしている内に、これらの対立関係の奥にあるものは、男性、女性の言語の違いというよりは、寧ろ、「漢文訓読文」と「和文」というものとの表現機構の相違に基くものであるとすべきものではないかと考えるようになった。

一方、この法則めいたものに対して、例外的なものが若干あることに気附いた。その一つは、『竹取物語』、『宇津保物語』俊蔭巻、『土左日記』、『古今集』仮名序などで、和文でありながら、「漢文訓読特有語」を若干含んでいる。又、他の一つは、『源氏物語』・『枕冊子』・『栄花物語』などにもあることだが、儒者とか僧侶のような、訓読に関係深いと思われるような人の会話の中に出て来ることである。始めの場合は、それが、漢文の文献を原典とするものであって、その漢文の訓読の影響が現れたと見ることで説明がつくし、後の場合は、それら有識階級の人々の平素訓読に親しんでいた素養の一端が表れたものと考えることが出来る。

又、更に、『類聚名義抄』など、古辞書の訓と比べて見ると、「訓読特有語」は出て来るけれども、「和文特有語」の方が殆ど出て来ない。これら漢和字書の和訓は、漢文の訓点の傍訓を集めたものだろうという漠然たる予想は、既に先学によっても立てられてはいたのだけれども、このようなルールにうまく適合するということになると、それは愈々説明がよく附くというものである。

又、古典保存会の醍醐寺本『遊仙窟』や、神田本『白氏文集』の訓を調べている中に、それと同字同訓のものが『類聚名義抄』に多く出ていることに気がついた。『名義抄』は『遊仙窟』や『文集』の古点を引用していることが証明出来たと考えた。その頃の『類聚名義抄』は、僅かに観智院本が公刊されているだけに過ぎなかった。所が私が卒業して暫く経って、昭和二十六年の頃、図書寮本の本文が公刊された。これは全体の五分の一程しかない零本ではあるが、書写年代は院政時代であって、鎌倉中期書写の観智院本よりは遥かに古く、増補本である観智院本に対して原撰本の位置にある本である。驚くべきことには、この本には和訓にその出典が注記してある。私が『遊仙窟』出自と推定し

た、観智院本の

横陳《ソヒフス》　両歳《フタトセ》　法用《ミツクロヒス》

などが、図書寮本では、

横陳《ソヒフス》遊　両歳《フタトセ》遊　法用《ミツクロヒス》遊

のように、「遊」と明記してあった。自分の推定が適中したことを嬉しく思ったが、一方では、二三見当外れもあって、例えば、遊仙窟出自と考えた、観智院本の

縁《タクリテ》（「手繰《たぐ》りて」の意）

が、図書寮本『類聚名義抄』では

縁《タクリテ》白葛《ヲ》

と『白氏文集』から採っているような項もあった。

このような内容を基にして、何とか卒業論文を纏めて提出した。題目は「平安時代の漢文訓読の研究」とし、四百字詰原稿用紙に九百余枚で八冊に分けて製本した。製本の装釘には両親も手伝ってくれた。六月下旬、締切の少し前に提出した。その途端に体中の力が脱けてしまったような気がした。

昭和二十三年九月に卒業、直ちに大学院に入った。旧制は無試験で、単位を取る必要もなく、呑気なものだった。連日研究室に出入して本を見ていた。

翌二十四年四月から日本育英会の大学院の奨学生として奨学金を交附されることになり、同時に研

究室に勤務を始めた。仕事は助手の事務補助と国語学会の事務とであった。先輩の山田俊雄氏が助手で、毎日机を並べて仕事をしていた。国語学会はまだ草創時代で、雑誌『国語学』の刊行も軌道に乗らず、仲々大変だった。

始めて訪書旅行の体験をしたのは、この期間であった。昭和二十四年の夏に、中田先生のお伴をして、京都の東寺と知恩院とを訪れた。前後数日間の調査であったが、先生から親しく経巻の取扱い方、資料としての鑑定の仕方などを承った。知恩院では牧田諦亮先生の御世話になり、東寺では、故山本忍梁猊下のお世話になった。経箱を幾つか出して下さって、経箱というものを始めて実際に見ることが出来たし、又、古来、訓点資料というものが、どのような状態で保存されて来たものなのかということなども、始めて知ることが出来た。

昭和二十七年夏には、仁和寺を訪れ、故小川義章猊下のお世話になった。この折は、広浜文雄氏、小林芳規氏と一緒だった。次いで二十八年には薬師寺の調査を行った。中田先生のお伴で小林氏と私と三人の一行であった。橋本凝胤《ぎょういん》長老や、高田好胤《こういん》管長には、この折始めて拝眉の機を得た。薬師寺で二週間程滞留して、経蔵の整理を奉仕したが、その折、西大寺、唐招提寺、興福寺などにも参上した。

東大寺図書館には、昭和二十五年頃始めて伺った。その折は、確か中田先生のお伴で参上したと思うが、その後はしばしば一人でお邪魔した。

想い出の日吉館（右は筆者）

昭和二十八年秋には、奈良正倉院の曝涼《ばくりょう》の際、春日政治先生、遠藤嘉基先生、中田祝夫先生などのお伴をして、正倉院聖語蔵の経巻の調査を許された。斯界の大先達、春日先生の謦咳《けいがい》に接することが出来たのは、無上の感激であった。又、その折、宿所の日吉館の部屋で、訓点語学会創立の話会いが定ったことは、忘れられない思い出である。その春日先生も昭和三十六年に逝かれて、もう十年近く経った。転《うた》た感無量である。

さて、昭和二十七年四月から中央大学文学部に就職して、始めて教壇に立った。三十年三月から東京大学教養学部へ移り、そこで九年ほど過し、三十九年四月から現職東京大学文学部へ転任になった。この間、殆ど連年、訪書旅行をして来た。多くは夏休の間だったけれども、時には春秋の頃にも出掛けた。その他学会や講演などで、年に数回は旅行して歩くようになった。

このようにして、大学卒業以来二十余年が過ぎた。古寺の中には、未だ採訪の機を得ない所も極めて多いけれども、既に訪れた寺院、図書館、個人の蔵書家など、数十箇所に及んだ。実見した書籍の点数は数え切れないけれども、平安時代、鎌倉時代の訓点本だけに限って見ても、約二千点に上っている。この間、私のこの訪書の希望を快諾され、格別の御厚情を示された幾多の所蔵者管理者の方々に対しては、感謝の念で一杯である。又、永年の間私のこの研究を指導して上さった東京大学名誉教授の故時枝誠記先生、東京教育大学教授の中田祝夫先生、この御二方は私の恩師であり、私の研究が曲りなりにも今日の段階まで進んで来たのは、専らこの師恩によるのである。又、九州大学名誉教授故春日政治博士、京都大学名誉教授・親和女子大学長遠藤嘉基博士、島根大学教授大坪併治博士、奈良教育大学教授鈴木一男氏、九州大学助教授春日和男博士、天理大学教授広浜文雄氏、京都府立大学教授吉田金彦氏、広島大学助教授小林芳規氏、静岡女子短大教授稲垣瑞穂氏、滋賀大学助教授曾田文雄氏、四天王寺大学助教授門前正彦氏、同志社大学附属高校教諭松本健二氏などの先学同学の方々の学恩も深く測り知れないものがある。これらの方々は、何れも訓点語学会の主要メンバーで、昭和二十九年の学会創立以来、毎年の学会の度毎に大きな啓発を受けて来た。殊に小林芳規氏は、中田先生と同門の誼《よしみ》で、昭和二十七年以来、しばしば訪書の旅行を共にした間柄となった。訪書の際は概して時間が限られているものであって、二人で調査の方針を細目打合せた上で手別して仕事をし、あとでノートを交換して写せば、能率は倍増するのである。この他、国語史学関係の先輩、同学の方々は、一々御名前を記す遑《いとま》はないけれども、高等学校時代から御指導を賜った岩淵悦太郎先生、大学時代の金田一春彦先生、先輩の亀井孝教授、林大氏、松村明教授、大野晋博士、教育大の馬淵和夫博士、福島邦道教授、京都大の浜田敦教授、阪倉篤義博士、小島憲之博士、寿岳章子教授、塚原鉄雄助教授、

興聖寺

慶大の阿部隆一博士などの学恩を忘れることが出来ない。

又、これら探書の際に私をお連れ下さって、実地に色々な面で御指導を賜った、中田祝夫先生、山岸徳平先生、長沢規矩也先生、宝月圭吾先生、佐和隆研先生などの御恩も忘れることが出来ない。京都建仁寺の島原泰邦氏は、令息が小林氏の教え子であったという因縁から、しばしば京都でのお宿を賜り、又、高山寺、京都国立博物館、興聖寺など、諸処へ御紹介の労を惜しまれなかった。その御厚情に対しては、どれ程お礼の言葉を捧げても足りないほどである。

訓点本の閲覧に至る手続、閲覧の際の礼儀作法から始って、文献の価値の鑑定の要領、その調査の心得など、諸先生の御指導によって、始めて習得することが出来た。このような勉強は、教室の講義や演習だけでは、決して体得出来るものではない。直接資料に当って、手を取って教えて頂くより他に方法はないと断言してもよい。他の学問のことはよく知らないが、考古学の発掘や、臨床医学での手術の方法なども、恐らくこのように、実地に臨んで師の教を仰がなければならないものが多いように感ずる。近頃問題にされている所謂マスプロ教育のような、単なる機械的な教育などでは、決して得られるものではないと思う。

かような学問は、当然のことながら、師弟の間に、尊敬と信頼との固い結び付きがあってこそ、始めてその実を挙げ得るものだと思う。同時に教える側にも学ぶ側にも人一倍の熱心さと努力とが要求されると思う。一冊の本を見るためには、所蔵者の都合に合せ、万難を排して、汽車に乗って出かけて行くだけのファイトがなければ駄目である。その機会を逸すれば、一生涯再び見る折を得られないことも、少くない。これは決して大袈裟な言い方ではないのである。

書物というものは、見栄《みばえ》のしないものである。建築・絵画・彫刻、それに考古学の発掘などは、人の視覚に直接訴える対象物を持っている。それに対して、書物は、ただ文字が並んでいるだけで、見かけは大同小異、精々巻子本と冊子本との区別位で、一般の人々にとっては、巻物は如何にも古めかしいと思うくらいである。展覧会などでも、書籍の類はあまり大きく扱われないのが常であるが、或る意味では無理もないようにも思われる。

しかし、書物の生命は外観に在るのではなくて、内容に在る。其処には、古代の人々の思想が脈打っており、我々の祖先が苦心解読した跡が歴然として残っている。彫刻・絵画等に比べて、文化財という点で、勝るとも劣らぬ価値を持っていることは言うまでもない。

建築、彫刻や絵画などでも、時代鑑定ということは根本的な重要事項であり、様式の歴史的変遷という事実が知られている。同じことは、書籍についても厳然として存在する。それは、料紙、装幀、書体、訓点の様式などに表れている。それらについて、専門に研究するのは書誌学の役目である。我々訓点をやる者は、書誌学者ではないけれども、目指す資料文献が、果して何時代のものであるか、平安時代のものか、それとも後世の転写本か、というような判断を迫られることは、常に経験することである。しかしこの書誌学的鑑定ということも、永年の経験と学識と勘とによって始めて体得出来るものであって、短期間に詰込んだ知識だけでは、決して得られるものではない。

昭和二十四年の夏、中田先生のお伴をして東寺を訪れて聖教を調査していた折、先生は巻子本や冊子本の内容を開かずに表紙を見るだけで、これは良い資料だ、これは大したものでない、と言われるのが、中を開いて見ると一々的中しているので、その頃駆出しの学生であった私はびっくりしたものである。十数年間に亘って、何千点という古点本を見られた先生の経験に基いた炯眼《けいがん》であった。それから幾星霜、未だ中田先生には及びもつかないが、表紙の様子で大体の年代の見当は附くようになった。又、書物の題名だけで、よい訓点資料であるか否か、或る程度予測し得る場合もあることを知った。小林芳規氏と共に探訪の折など、慰み半分に、奥書を見ないでおいて、平安後期だ、いや院政初期だなどとその年代を当て合い、後で奥書を見て当っているのを喜んだりしたこともあった。経験を重ねるにつれて次第に誤差も少くなって行くが、何時か、知恩院蔵本の『黄石公三略』を見た際、巻子本で、巻初だけは後世の補写であったが、「ここは江戸時代だろう」などと云いながら巻尾まで開いて見たら、

明治六年第八月念五月以㆓青木信寅本㆒補㆓巻首五十余行㆒。時炎熱如㆑煅読㆑之以消㆑悶。
古経堂主人定

と書いてあって、明治六年に鵜飼徹定《うがいてつじょう》師が補写したものであることが判り、見当外れに自分ながらあきれたこともあった。室町以後になると、平生関心が薄いせいか、却って時代の判別に迷うことがあるものである。

前にも述べたように、訓点資料は、その殆ど大部分が古社寺や個人の蔵書家の秘庫の内にあって、思うように閲覧することは許されないのが常である。又、公共の図書館に貴重書として所蔵されているものもいくらかはあって、勿論一般書のように安直な閲覧は出来ないけれども、お寺や個人などに比べれば、遥かにたやすく見られることが多い。東大寺図書館、高野山大学図書館、金沢文庫、叡山文庫、大東急記念文庫、天理図書館などがそれである。これらの内、東大寺図書館は東大寺の蔵書であり、高野山大学図書館は高野山の諸寺、即ち金剛三昧院、持明院、三宝院などの蔵書を収め、叡山文庫は、真如蔵、天海蔵などの蔵書を含み、金沢文庫は称名寺の蔵書を収めてあって、いわば寺院の経蔵がそのまま公共の図書館に変容したような形になっている。従って、当然のことながら、その蔵書は、それぞれの寺院の伝統に基いて、それぞれの特徴が表れている。東大寺図書館には、平安初期以来の白点本など極めて古い訓点資料が多く、又、鎌倉中期の宗性上人の手に成った草稿の類が豊富である。高野山大学図書館には、院政時代から鎌倉時代にかけての訓点資料が多く、叡山文庫は、古いものは兵火の厄に遭って点数は多くないが、重要なものが屢々見られる。金沢文庫は、鎌倉期の点本が多い。このような寺院系の図書館に対して、大東急記念文庫や天理図書館は、非常に性格が異っている。これらは、諸寺の経蔵などから出た古書を蒐集した文庫であって、寺院の経蔵のように、同類のものが多数纏まって存することはないが、広い範囲に亘って、素姓の良い書物が集っているという特徴がある。

これら公共の図書館には、屢々参上して貴重書を拝見して来た。東大寺図書館では、前館長上司海雲師、橋本聖円師を始め、堀池春峰氏・新藤晋海氏・新藤女史などに殊にお世話になった。高野山大学図書館では宮坂宥勝博士、金沢文庫では故関靖博士、熊原政男前館長、納富常天氏、叡山文庫では、三浦義薫師、福田実衍師、大東急記念文庫では西村清博士、故三浅勇吉氏、天理図書館では、館長富永牧太博士、木村三四吾氏などの御厚情を賜って来ている。殊に大東急記念文庫は、拙宅に近いこともあって、昭和三十一年の公開以来、暇に任せては足を運び、所蔵の古点本を多数拝見した。長沢規矩也・川瀬一馬両博士の編纂執筆された詳細な図書目録があって、それに導かれて訓点を調査して行くことが出来た。

お寺などの場合だと、幸い経蔵が開かれても、この機会を逃したら、次には何時見られるか判らないというような切迫感があるものだが、図書館の場合だと、調べ切れなかったら、又この次にお願い出来るという安心感があって、気分の上で非常に楽である。私が気軽に奈良を訪れるようになったきっかけは、東大寺図書館で、何時も快く閲覧を許されたことが原因であったようである。

四　一冊の本を求めて

昭和二十四年の夏、中田祝夫先生の御供をして、京都の知恩院と東寺に古訓点の調査に赴く機会に恵まれた。これは私にとって生れて初めての訪書旅行であった。戦前から戦争中にかけて少年時代を過した私にとっては、他の同じ世代の人々もそうであるように、あちこちの名所旧蹟を旅行して歩くという自由が与えられていなかった。昭和二十四年といえば、やっと汽車の切符が自由に買えるようになった頃であるが、まだ食糧は十分でなく、旅行は困難であった。丁度その頃、叔父が大津の銀行に勤めていて、その家が膳所にあったので、そこに止宿して、数日の間、膳所から京都まで通ったが、シートの破れたボロボロの客車、有蓋貨車を客車に改造した車で、窓が殆どない物凄い代物に乗ったことなど、今でも記憶に残っている。又東海道線は全線電化以前で、山科トンネル、東山トンネルの中で、暑いさ中に煤煙に悩まされたことも記憶に新しい。

その頃の東京はまだ戦災の焼跡がまだ整理し切れず、荒涼たる有様だったが、戦災を受けなかった京都の町は落着いていて、いかにも古都にふさわしい感じであった。もともと名所旧蹟などは殆ど歩いたことがなかったから、ましてや、大寺の寺務所や庫裡《くり》などを見るのは始めてであった。焼け出さ

東寺

れて狭い家に不自由な暮しをしていた頃だから、大広間や広々とした廊下などに入るだけでものびのびとした感じがした。

大きな寺の中は、真夏でも暗いものである。庇《ひさし》近くの板間などに机を持出して拝見するのだが、それでもさほど明るくはない。しかし却って落着いた古寺の雰囲気があって、趣があるものである。

東寺で、経箱というものを初めて見た。大体縦一尺五寸(四五糎)、横一尺二寸(三六糎)、高さ一尺(三〇糎)位のもので、長さ一尺余りの巻物を収めるのにも工合よく、両手で抱えて持運ぶのにも都合の良いものである。巻子本ならば、数十本、薄い冊子本だと百冊以上入れられる。後年気附いたことだが、何処のお寺でも、大体同じような大きさであるのも、長い間に自然に生出された智恵の産物なのであろう。木材は白木の杉や檜などで、漆塗など贅沢なものは殆どない。もともと古いお経の中でも、訓点をつけたものは、坊さんたちが精魂籠めて勉強した結果なのであって、質素な学究の備品として、ふさわしいものであったのであろう。

この一週間の旅行は、私にとって最も有益な、意義深いものであった。お寺への御挨拶の仕方、お経を拝見するときの作法、古経の取扱い方、訓点資料としての価値の有無の見分け方、ノートの取り方など、書物や教室では、絶対に得られない数々の知識を、中田先生から身を以て教えて頂いたのであった。

「お寺は朝が早く、夕方も早い。朝はいくら早く行っても良いが、夕方は三時半か四時頃にはお暇することだ」

というような先生の御ことばも、朝寝坊で夜更しの我々にとっては、殊に適切な御注意であった。今に忘れない思出である。

東寺金剛蔵の聖教類は、その時幾箱か拝見したのであるが、その当時は、さほど気が附かなかったけれども、後、次第に仕事を積重ねて行くにつれて、益々そのすぐれた真価が理解されて来た。『大日経広大成就儀軌』の延久二年（一〇七〇）の訓点の中に、「盤」の字の訓に「ワカネテ」というように・と∴との印で点がつけてあるが、これはアクセントを示したものであって、同時に∴が濁音を表しているのであり、和訓の濁音符号としては、現在までの所、最も古い資料であるが、これはこの際、中田先生が発見されたのである。

その折、お世話を頂いたのは、当時の管長山本忍梁猊下であった。その頃はまだ珍しいチョコレートを御馳走して下さったことなど、覚えているが、その後間もなく遷化《せんげ》された。

知恩院は浄土宗のお寺で、その創立はそれほど古いものではないが、明治維新の頃に、鵜飼徹定師（一八一四―一八九一）の蒐集した多くの古経があって、それは南都の古寺などから出たものが多く、第一級の名品揃いなのであるが、その中には古訓点のあるものも多く、このたび拝見したものには、『大唐三蔵玄奘法師表啓』『法華経玄賛』『成唯識論述記』などがあった。平安初期・中期の朱点本、白点本であって、非常な勉強になった。炎暑の頃で、汗で本を汚さないように濡れタオルを傍に置いて汗を拭いながら、拝見した。この時は牧田諦亮先生（京都大学人文科学研究所教授）の御厚情を賜った。

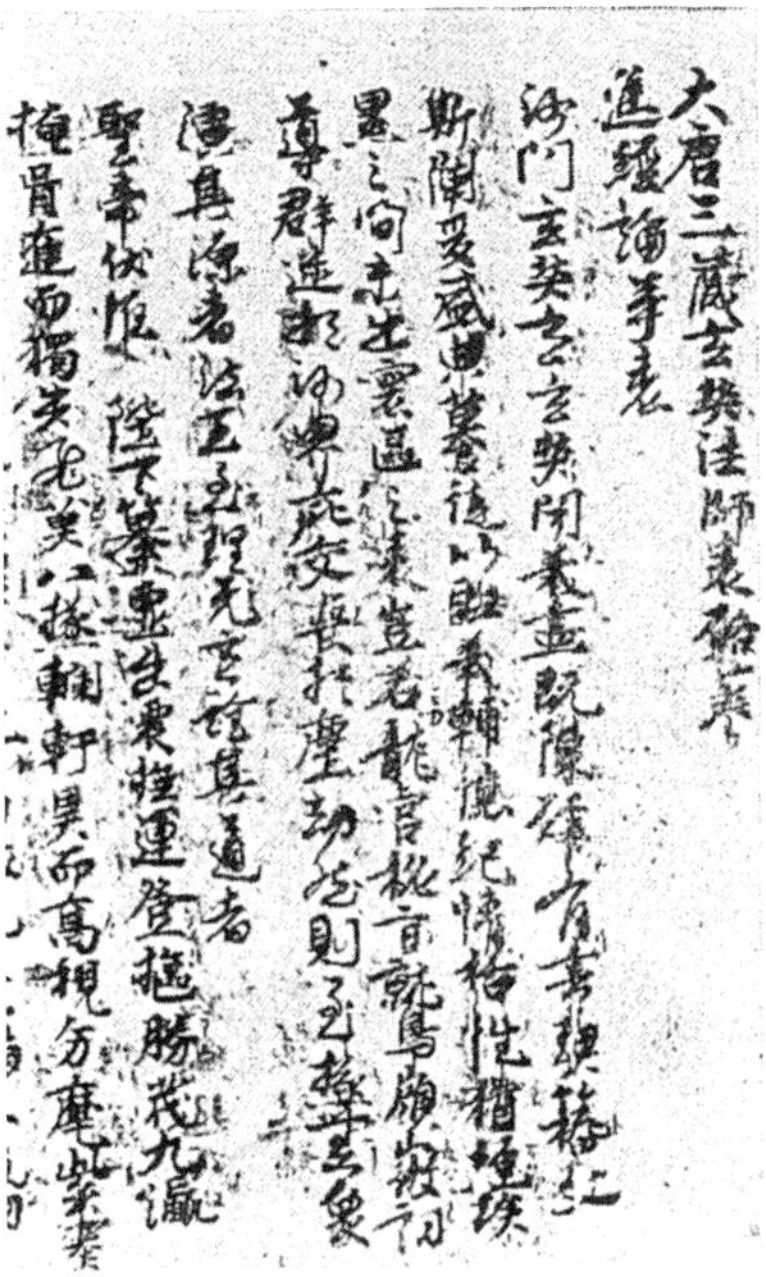

大唐三蔵玄奘法師表啓（知恩院蔵本）

五　古代語発掘の旅はつづく

南都西の京の薬師寺は、三重塔や日光・月光菩薩、それに仏足石などでとりわけ有名であり、近頃は観光ブームで、訪れる人も非常に多いが、それらと道を隔てた北側、即ち、近鉄の西の京の駅から向って道の左側（北側）に本坊がある。その本坊の裏はすぐ田圃に続いているのだが、その本坊と同じ構の中で西北の隅に、小さな白い経蔵がひっそりと立っていることに、気が附く人はあまり多くないと思う。薬師寺の本坊の西側をずっと北方に、唐招提寺の方へ向って行く細い道がある。近頃はその左側に新しく駐車場が出来て騒々しくなったが、その駐車場と道を隔てて向い側の土塀のすぐ内側に、この経蔵のあるのが見える。

薬師寺の建立は極めて古く、遠く天武天皇の八年（六八〇）にまで遡るのであり、俗に薬師寺経とか魚養経とか言われて、奈良時代古写経の随一と数えられる古経も今に伝えられているし、又、平安初期の遺品の中でも、『大乗掌珍論』（根津美術館蔵）の奥書に白い墨で

承和元年（八三四）七月廿八日於岡基読了
嘉祥二年（八四九）八月十五日一度勘了

薬師寺の大広間に並べた書籍

同年九月五日薬師寺西院講

とあり、又、『法華義疏』（石山寺蔵）の巻第二の巻首には

以長保四年（一〇〇二）八月廿二日読　薬師寺僧注算

即於伝教院聞講師西院鏡超五師　聴衆廿余口也

沙門注算

とあって、平安時代から学僧が教学に励んでいた寺であることが分る。その後、豊臣方に味方したとかで、徳川幕府から冷遇されて、江戸時代には寺勢が振わなかったらしいが、喜弁（一六八一―一七五〇）のような学僧が出て大いに研学に精励したといわれている。

今の経蔵は土蔵造の二階建で、中に入って見ると、書籍がぎっしりと詰っていた。

昭和二十八年の夏のことである。

中田祝夫先生・小林芳規氏と私と三名が、この書籍の

薬師寺金蔵院の庭園

目録を作成する目的で二週間滞在した。

先ずこの経蔵内の書籍を全部庫外に運び出し、経蔵のすぐ傍にある金蔵院の大広間に並べた。金蔵院には、信徒の宿泊する百畳敷位の大広間があって、其処へ順々に並べるのである。尤も、今回の整理は、大略のものであるから、書目と冊数と書写又は刊行の年を注記する程度に止めたのであるが、真夏の炎暑の折に二週間連日の作業は、相当に大変であった。しかし、次々に目の前に現れる古書を整理していると、興味津々として文字通り暑さを忘れた。

お寺に泊り込んだのは、この度が私には始めての経験であった。中田先生はその頃まだ東京教育大学の助教授で、三十歳代であられ、大著刊行の準備に忙しくしておられた頃であった。小林氏は東京文理大を卒業されたばかりで同学専攻科に在籍されていたが、その前の年の夏に京都の仁和寺へ同行したのに続いて二回目であった。

大学は違うけれども、中田先生の教を受けたという同学の誼《よしみ》があった。私は当時中央大学に奉職しており、未だ独身であった。

お寺の食事は庫裡の板間で、橋本凝胤管長以下総勢十人程のお坊さん達の下座に畏って正座して頂くのであった。朝は奈良茶粥《ちゃがゆ》というもので、どろどろのお粥である。年来お粥の苦手な私には全く閉口であった。昼食も夕食も大抵一汁一菜位で、味付なども都会の美食に馴れた者にとっては到底口に合わぬものであった。古く、托鉢によって施しを受けた僧侶は、一山の人々が施物を持寄って雑炊などにして食するということを聞いていた。この薬師寺の粗食によって、僧寺の戒律の厳しさの一端に触れたような気持がした。

気持の上ではよく判っていても日が経つにつれて年若い二人は、とても我慢出来なくなって来た。中田先生は元来月ケ瀬の産で、奈良の近くである上、以前から寺院の風などには親近しておられ、このような食事もさほど意に介せられず、朝は五時頃から起出して仕事をされ、夜も夜半近くまで頑張られるという精力家ぶりで、ほとほと驚嘆した。

或る夜こっそり内緒で二人で寺を抜出し、奈良の町へ出掛けてカツ丼をパクついたりしたことも懐しい思出となった。又或る時には、パンが無性に食べたくなって、奈良の町へ出たのは良かったが、何処にもパンを出してくれる食堂がなく、やっと見付けた処も、マーガリンか何かを附けたもので、ひどく不味かったのを覚えている。大体奈良という所は食べ物のまずい所で、駅近くの食堂でも東京

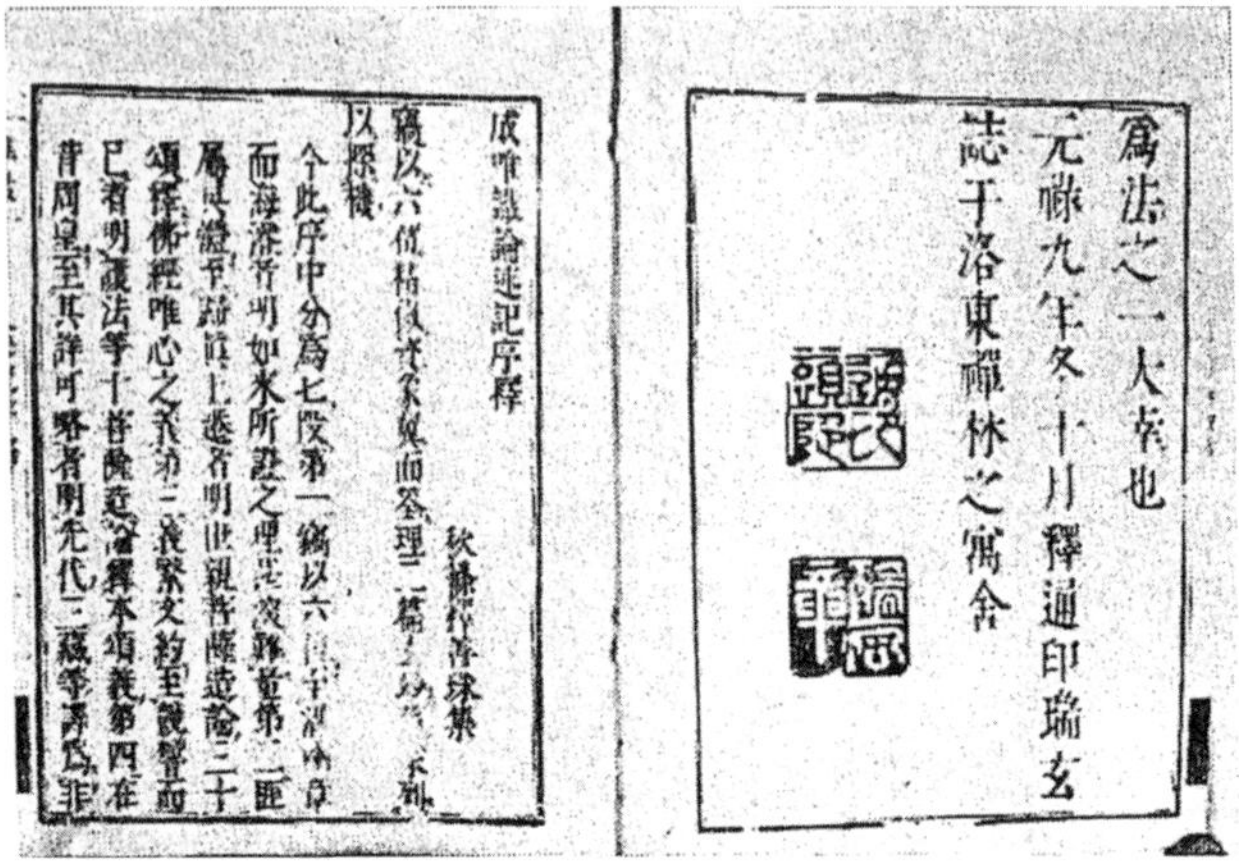

成唯識論述記序釈（薬師寺蔵刊本）

の場末などより遥かに悪く、値段だけは結構高い。観光地の悪い面が現れている感じだった。最近は近鉄の駅の附近などには中々気のきいた店も出来たようだが、当時は今とは随分違っていたものだ。

話が余談になったが、肝腎の書物の整理の方は着々と捗《はかど》って行った。江戸時代の木版本が極めて多く、大部分を占めていたが、保存の良いものが多く、殊に唯識《ゆいしき》や因《いん》明《みよう》関係の書は、さすがに法相宗の古寺だけあって大したコレクションであった。偶々見出した『成唯識論述《じょうゆいしきろんじゅつ》記序釈《きじょしゃく》』の板本は殊に貴重であった。これは奈良時代の末頃、秋篠寺に在った法相の学匠善珠僧正（七二三―七九七）の撰書であって、唐の慈恩大師窺基（六三二―六八二）の撰した『成唯識論述記』の序の注解であるが、これが国語史料として珍重されるのは、その中に

以相似故言舛倭言阿夜末都（「舛」の字の注として「倭ニハ阿《ア》夜末都《ヤマツ》トイフ」と訓が注してある）

故以合云麻公止爾（「故以」の二字を「合セテ麻《マ》公《コ》止《ト》爾《ニ》ト云フ」と注する）のように、漢字の字句の注に、万葉仮名で和訓を記したものがある。奈良時代末の国語資料だから、非常に貴重なものとなるのである。従来は、『大正新修大蔵経』や、『日本大蔵経』に収められている活字本しか見ていなかったが、そのもとになった江戸時代の元禄九年（一六九六）の刊本も、さほど簡単には見られなかったものなのである。出来れば然るべき古写本を探し当てたいと思っていながら、それは果さなかったけれども、とにかくこの板本が見つかったことは、嬉しい収穫であった。

江戸時代には板木に彫りつけたものを刷って作った、所謂整板本が多数出版されたが、今のように何千部何万部と刷ったものは極く僅かであって、多くは数百部程度だったのではないかと想像される。戦前の刊行本でさえ、数百部程度のものだと、今では稀覯書になっているものが多い位であるから、ましてや百年以前の木板本で部数の少いものは、現存するものでも、決して容易には見出し難いのである。

薬師寺経蔵の版本では、この他に『南北相違集』なども珍しいものであった。この「南北」というのは、南都北嶺ではなくて、奈良の猿沢池を挟んでの南北であって、南は元興寺、北は興福寺である。両者共に法相宗の古寺であるが、教義上の所伝に相違あるものがあって、それを記録したのがこの書物である。上下二冊より成り、内容は、経典のよみ方に触れたところも多く、国語の古訓などに関した記事も少くないのである。

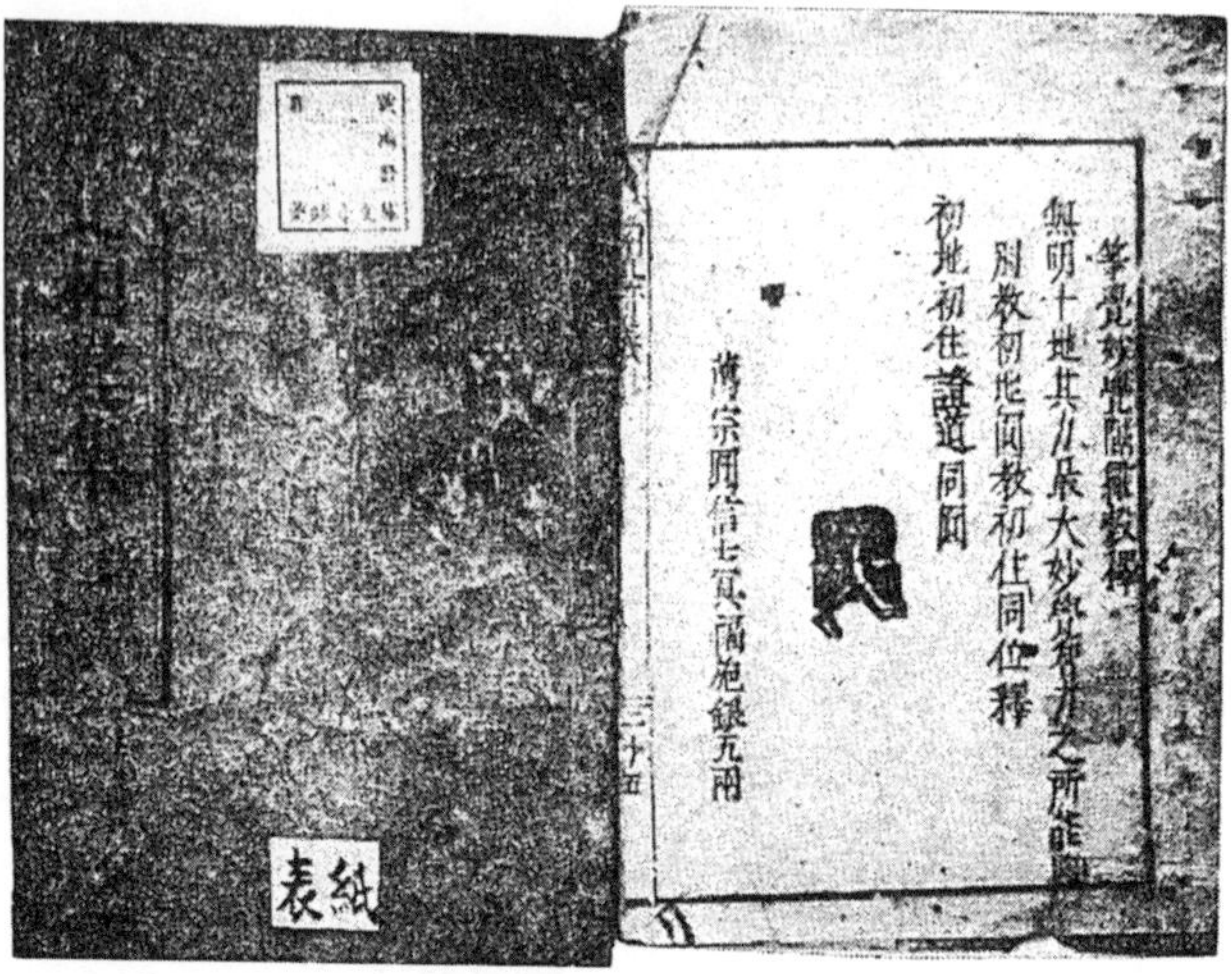

南北相違集（薬師寺蔵刊本）

無量義経（薬師寺蔵本）

所で、版本の他に写本も若干あった。写本と云っても新しいもの古いもの様々であって、古いものでは、前に述べたように奈良時代の写経もあるが、新しいものは江戸時代の写本まであるのである。この寺は由緒深い古寺の割には古写経の類が少く、平安時代のものは、『大乗法苑林章』・『無量義経』など、数える程しかなかった。しかし鎌倉時代のものには幾つか逸品があった。その一つは『大般若経音義』合計六十七巻である。

この本は二階の入口近くにあった、箱の中に納められていたものである。暫く前、昭和十一年十月に開催された、第二十二回大蔵会目録というものを見ると、その中に

大般若経音義巻一、六十　二巻（四十五巻ノ内）　大和薬師寺蔵

（巻一奥書）弘安九年七月廿一日書写畢（以下略）

とあるから、古くから知られていたものではあるようだが、少くとも国語学者の目には殆ど触れていなかったようで、国語史料として取上げられたことを全く聞かなかったものである。

この巻子本は何れも鎌倉時代の書写本で、軸の有るもの無いもの様々であるが、大抵は料紙二三枚で、中には僅か一枚というものすらあり、軸も元来全部に揃っていたものかどうかも疑わしい程である。大分傷んでいるものもあり、欠損しているもの、巻首が失われていてそのままでは巻次の判らないものなどがある。大般若経は極めて大部の経典で全部で六百巻あるが、この『大般若経音義』はその全巻に亘って、巻の次第を逐って、その中の語句を抽出し、それに音訓の注を附したものである。

六百巻を十巻づつ一帙と称し、第一帙（巻第一から十まで）、第二帙（巻第十一から二十まで）のように数えて第六十帙（巻第五百九十一から六百まで）に終る。薬師寺本を見て行くと、この一帙ごとに巻子本一巻に仕立ててあって、『大般若経音義』の中で、このような装幀をしたものは他に全くなく、その点でも珍しいものである。全体で略々六十巻あるから、大体一通り揃っているのかと思われるのだが、より見て行くと、同じ巻次のものが二つあったりするし、更に又紙の質がどうも区々で一様でないようなので、厖大な巻子本の山を前にして途方に呉れたものであった。それで結局、これは東京へ持って帰ってゆっくり整理して見ようということになり、幸い管長猊下のお許しを頂いたので、遠路東京まで持帰ることになった。

当時は勿論新幹線の未だない時分で、奈良から帰京する時は、多くは夜行の「大和」（今の「紀伊」）であった。この列車には寝台も附いていたが、その頃はまだ大変な贅沢品であった。普通運賃が東京まで七百円位な所を、寝台は上段でも七百二十円、下段ならば九百六十円で、それには二割の税が含まれていた。この値段は十五年を経た現在の、寝台上中段千百円、下段千二百円と殆ど大差ないもので、月給二万円位の弱輩には大きな負担だった。それに今では随分寝台の輛数も多くなったが、その頃は確か一輛か二輛だけで、寝台券は仲々買えなかった。それで普通の座席の夜行で帰ったわけだが、若し万一のことがあっては申訳が立たない貴重品だから、小林氏と二人で色々思案した挙句、二人で座席に向い合って坐り、この写本の箱に足をかけるのは悪いけれども、若し他人が手を触れたらすぐ目を覚すようにと、二人の両足で抱込むような形で眠ることにしたのだが、それでも心配でおちおち寝附かれず、無事に朝になった時ホッとしたのであった。

東京に帰って、巻次の配列を色々試みたが、結局全体は甲類・乙類・丙類・丁類の四類に分れ、甲類には

一・六・八・九・十・十一・十三・十四・十九・三十一・三十三・三十四・三十五・三十七・四十・四十一・四十二・四十三・四十四（尾欠）・四十五・四十六・五十・五十一・五十二・五十三・五十四・五十五・五十七・五十八・六十

の三十巻（三十軸）があり、最後の第六十帙の奥に

弘安九年（一二八六）七月廿一日書写畢

為被相副金堂前五僧大般若蒙

五僧衆之評定之間以般若会経之音

義如形写之畢金堂前之外更不可出之

文字之不審有其数後見悉之矣

執筆融実生年二十七

願以書写功　生々開恵眼　値遇十六神　世々講般若

とあり、本文の筆蹟は正に鎌倉中期、弘安九年のものである。次に乙類というのは

一・四・五・六・八・十・十一・十七・十九・三十一・三十三・三十四・三十五・三十八・三十九・四十・四十一・四十二・四十三・四十五・四十六・四十七・四十八・四十九・五十・五十一・五十二・五十三・五十四・五十五・五十六・五十七・五十八・五十九（尾欠）・六十

の三十五巻（三十五軸）である。第六十帖の奥に巻附いた紙の部分に

　永享四年（一四三二）八月廿五日書継之畢

と書附けてある。永享四年は室町時代の中頃であって、一寸見ると、この巻は如何にも室町時代の写本であるかのように見えるけれども、それは早計である。本文は、甲類とか明かに別筆だけれども、確かに鎌倉時代の書写であり、所々に後から追補して書入れたのが、この永享の筆なのである。

　甲・乙二類は、内容は殆ど同様であって、何れも完全ではないけれども、第一帖・第六帖などのように、両類に重複して存する帖の巻が多数あり、同じようなものが少くとも二部あって、それが後に混同してしまったものだということが判って来た。実は、この「第何帖」という標題が、全部で六十ある筈だが、この内容を見ると、見出語（標出語。例えば「侵《心ヲカス》」の「侵」のようなもの）が、無窮会本や天理本と殆ど一致するもので、それらの本の本文と比較して見ると、例えば無窮会本では、帖の順が

　1 2 4 5 6 8 9 10 11 13 17 18 19 30 31……

のような順になっていて、欠けている帖、即ち音義を注する文字が全然ない帖は

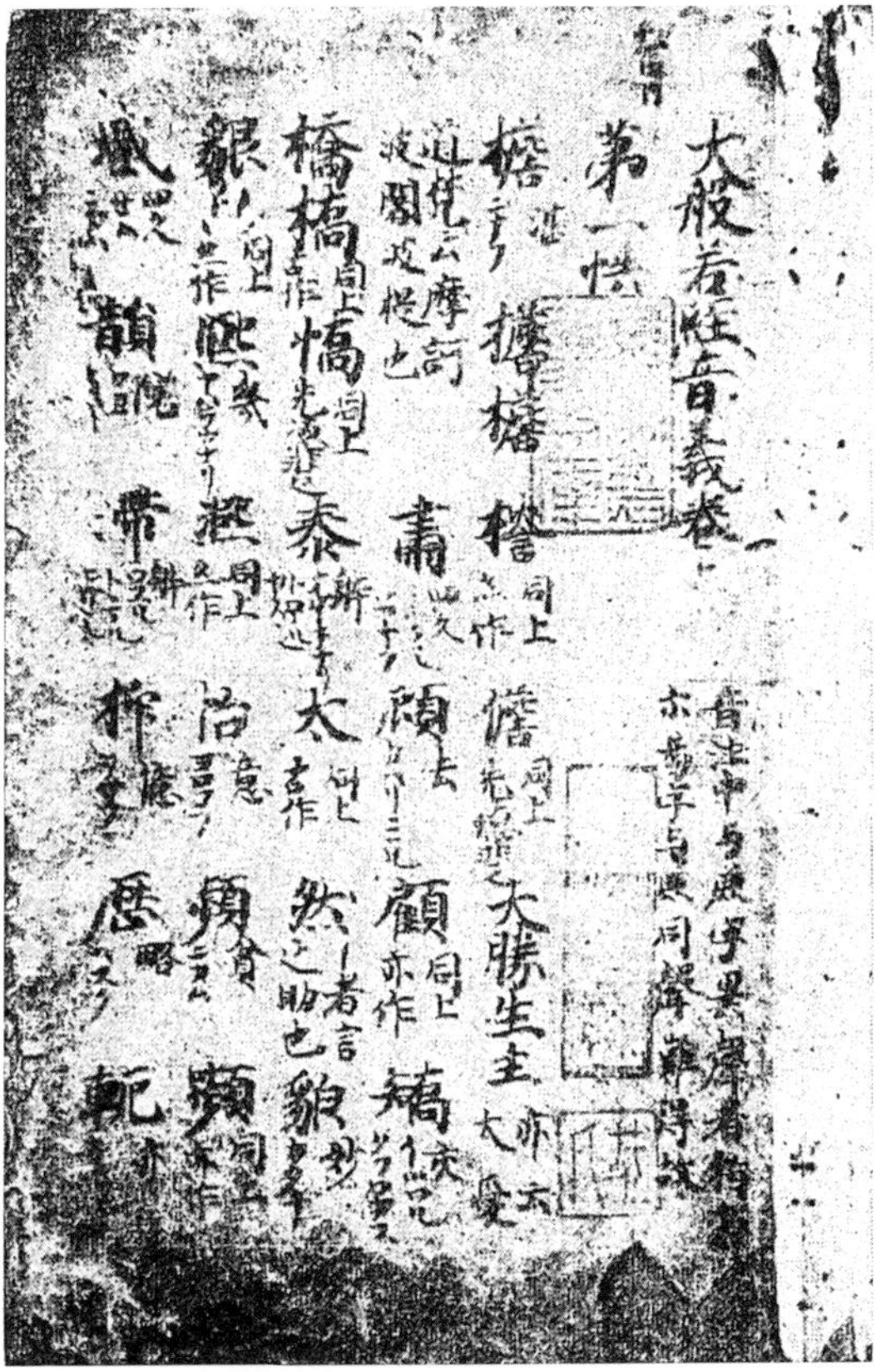

無窮会蔵本の大般若経音義

3 7 12 15 16 20 21 22 23 24 25 26 27 28 29の都合十五帖あったことが判るのだが、（細かく云うと、第十四帖は無窮会本にはないが、薬師寺本にある。しかし僅かに一行だけである）これと、薬師寺本とが大体同じ体裁だったとすれば、薬師寺本も本来六十軸ではなくて、60－15＝45軸だけしかなかったことになり、これは甲類乙類共に言えることだろうから、甲類は2 4 5 17 18 30 32 36 38 39 47 48 49 56 59の十五帖分が欠けており、乙類は2 9 13 14 18 30 32 36 37 44の十軸が欠けているものと推定されるのである。

所で、この薬師寺本と、殆ど同じ構成を持つ『大般若経音義』が、他にも無窮会、天理図書館、その他にあることが分った。大般若経というお経は、古くから最もよく読まれたものであるから、その経典のよみ方を記した『大般若経音義』は、大般若経の訓読の歴史を調べるためには、極めて重要な材料である。又、日本の辞書の歴史の上から見ても、興味あるテーマである。しかし今までその研究はほんの僅か、しかも断片的なものしかなく、是非突込んだ研究をして見たいと思った。後年、『大般若経音義』の研究を纏めたが、その発端となったのは薬師寺の調査であった。

薬師寺経蔵の目録は、後に奈良国立文化財研究所の御好意で、二百三十余頁の油印本として印刷された。

六　念願の『大般若経音義』を追う

大般若経音義とは、一つの書物の名前ではない。『大般若波羅密多経』、即ち『大般若経』についての音義ということであって、この経典の中から、漢字や漢語を抜出して、その発音や意義を注記したものを広く総称するものである。大般若経は全部で六百巻もの大部の経典であって、唐の玄奘三蔵が、貞観三年（六二九）から同十九年（六四五）の十七年間に亘って、印度から将来した梵本（梵字で書いた本）を基にして漢文の経典に訳出したものである。

日本へは奈良時代に伝えられ、その頃から既に書写され、又法会の際など読誦されていた。その解読研究のために、古くから注釈書も作られたが、その一つに、この音義がある。先ずシナで、玄応、行満・慧琳・法憲などの学僧によって音義が製作されたが、それを基として、日本でも、信行（七六〇頃）、平備、修円（七七一―八三五）などの学僧が、この経の音義を作った。これらは何れも奈良時代から平安初期にかけての頃のことであるが、平備と修円のものは、現在伝わっておらず、内容が明かでない。ただ信行の音義は、その中巻の一部分が石山寺に伝えられており、その中に万葉仮名で和訓が書き加えられている。この本は昭和十五年一月に、古典保存会で複製されているから、たやすくその内容を知ることが出来る。この本は平安初期の写本であって、信行の時代とさほど隔らない時期のもので、本文も信頼し得るものである。

同じ石山寺に、『大般若経字抄』と題する一冊の本がある。これは外題には「大般若経音義」とある如く、大般若経の音義の一種である。巻末近くに

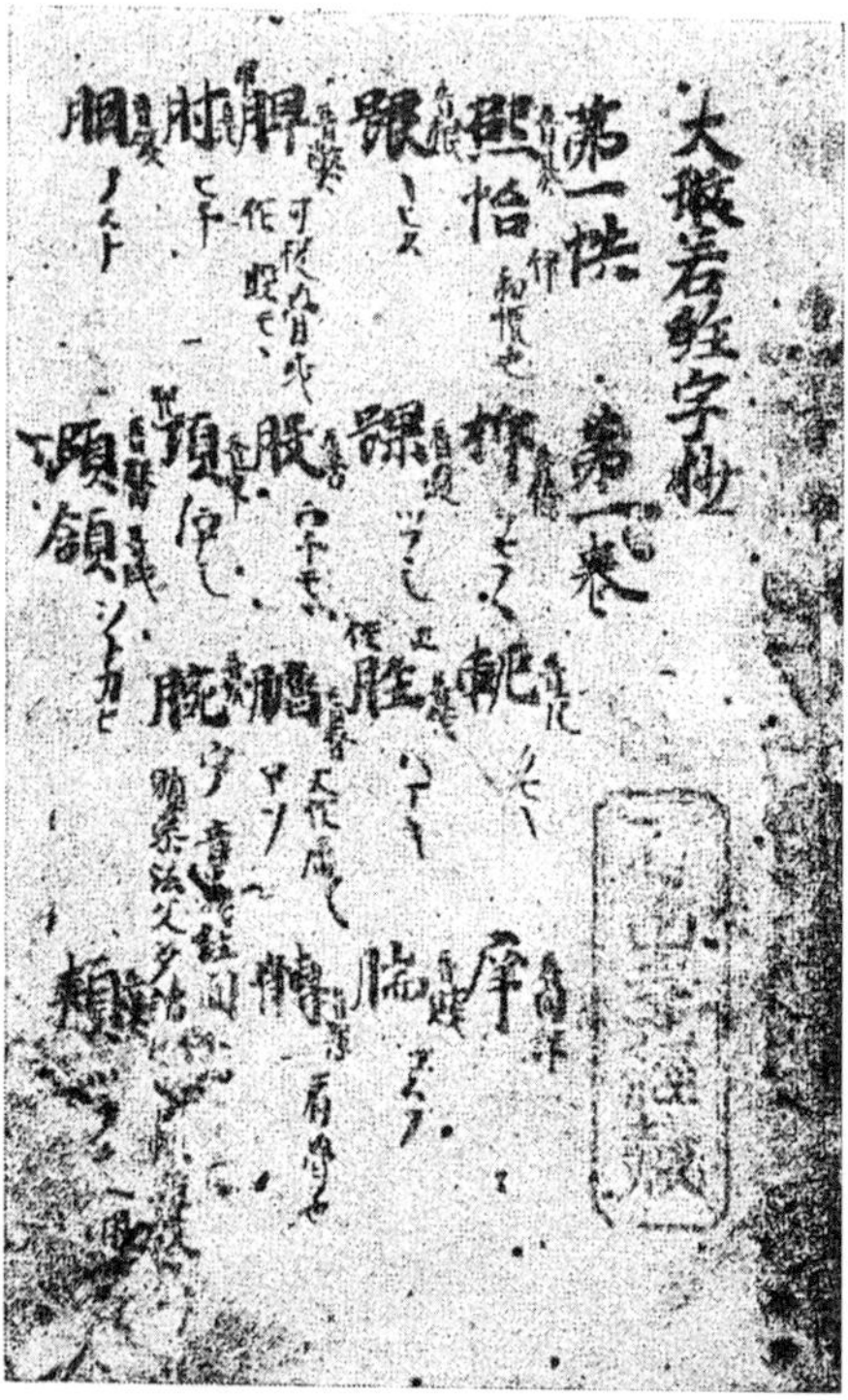

石山寺蔵本の『大般若経字抄』

長寛二年甲申三月十九日申時以智鏡房本於高橋之家書了淳関生廿三

という奥書があり、その内容は、片仮名の和訓を含んでいる。昭和二十八年、「国語学」に掲載された論文、「石山寺蔵本大般若経字抄と図書寮蔵本類聚名義抄とについて」において、渡辺修氏は、『図書寮本類聚名義抄』に中に「公任卿云」「公云」として引用された部分が、この石山寺本『大般若経字抄』と全く同一であることを発見し、それによって、『大般若経字抄』の撰者が藤原公任（九六六—一〇四一）

であることを証明された。

この他に古く大般若経の音義については、岡井慎吾博士の論文があって、博士所属の一本について論ぜられたものがある。

これらの諸本を互に比較して見ると、同じ大般若経の音義でありながら、内容の上で極めて大きな違いがあり、それぞれ全く別の本であるとしか思えない。しかも、この他に学界に紹介されていない本がまだ沢山あるらしい。

一般に、音義や辞書は、国語の語彙が纏めて収録されているため、国語資料として尊重されて来ているが、その言葉の性格は、必ずしも単純なものではないらしい。現在、現代語辞典と称するものでも、その中には古語も幾らか含んでいるのが普通であるし、古語辞典に至っては、上代から近世まで、各時代の語彙を集めて五十音順に集録してある。このような性質は、古代の辞書についても、或る程度はあったようで、辞書の和訓を国語史料として使う時には、その辞書が何時出来たのかを知ることが勿論必要ではあるが、同時に、その和訓が、果してその辞書を編纂した人が始めて記載したものであるのか、それとも一時代前の文献から引用したものであるのかを確かめる必要がある。若し前者ならば、その和訓は、辞書が出来たのと同じ時代の言葉であるが、後者ならば、その言葉の出生は、実はもっと古い時代のものであるということになる。

『大般若経音義』の場合も同様であって、その中の国語の和訓が、何時の時代の国語史料であるか

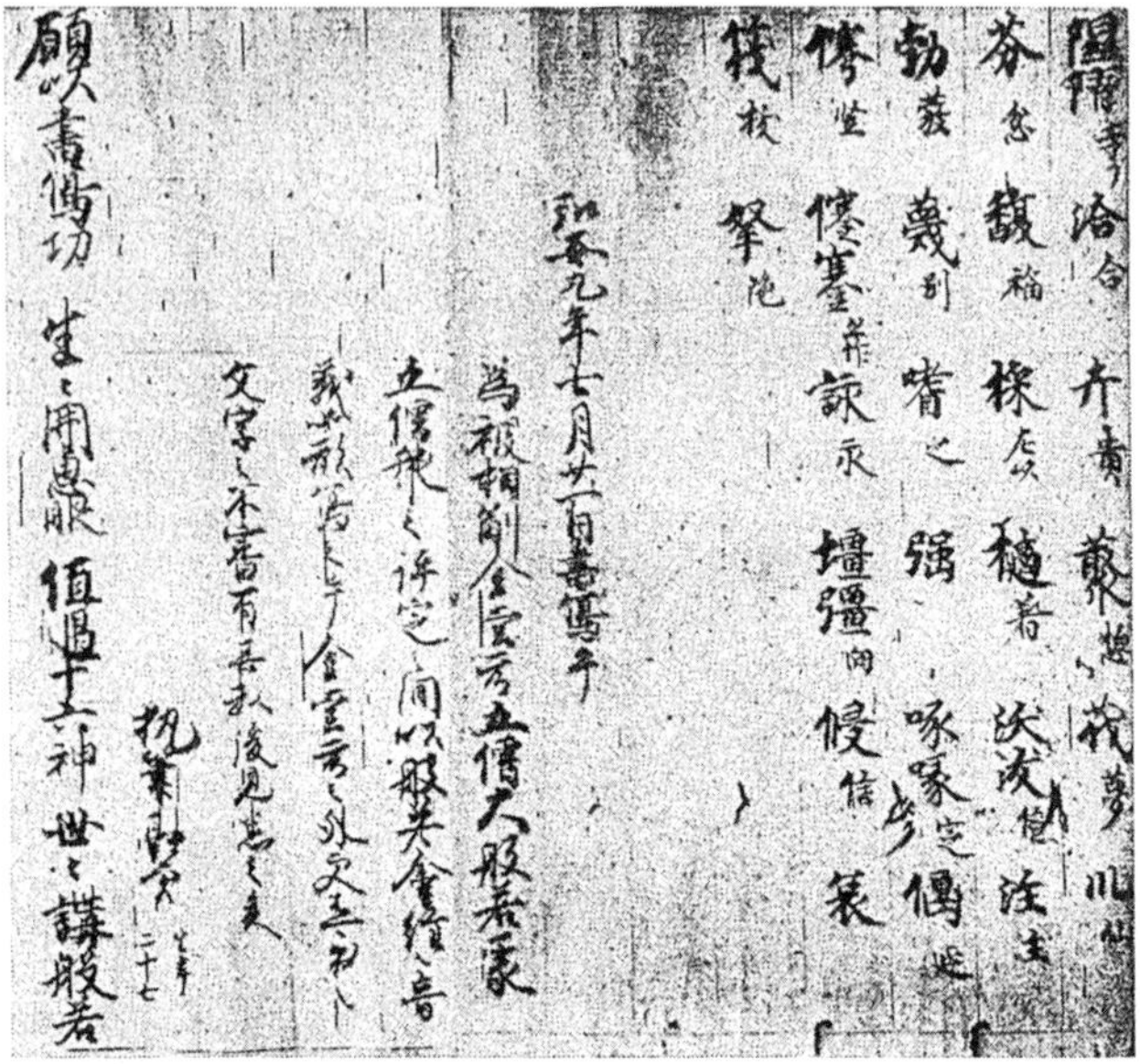

薬師寺蔵本の『大般若経音義』

を定めるためには、その本がどのような本の影響で作られたものなのか、お互の間の系統関係を知る必要がある。そして、そのためには、出来るだけ多くの『大般若経音義』を求め、諸本の間の系統を明かにしなければならない。

　私と『大般若経音義』との邂逅は、昭和二十八年、南都薬師寺経蔵整理の折、鎌倉時代の弘安九年（一二八六）の古写本合計六十余巻を見出した時からであった。丁度その夏、中田先生のお伴をして西大寺を訪れた際にも、同寺の『大般若経音義』を拝見することが出来た。中田先生は『大般若経音義』の諸本の研究を試みることをお勧め下さって、この本に対する私の関心は急速に高まって行った。本来訓点資料の調査から国語史学へ足を踏入れた私であったが、辞書や音義の和訓が、訓点の傍訓と深い関係にあることは、先学も既に感取しておられたことであった。私も観智院本『類聚名義抄』の和訓と、『遊仙窟』や『白氏文集』の訓点との間に関係があると論じたこともあったが、音義の類の和訓の性格究明について、大いに興味をそそられた。

『大般若経音義』の諸本を探索するには、先ず諸図書館の蔵書目録、諸寺の経蔵の目録、などによって調べなければならない。図書館の目録には刊行されたものも多いが、諸寺の経蔵の目録は、殆ど公刊されていない。東京大学の史料編纂所などに写本として所蔵されているものが大部分である。ただ渋谷亮泰氏編纂の『昭和現存天台書籍綜合目録』は、天台関係の諸寺の蔵書の目録で、非常に大部のものであり、索引も附いていて、検索には大変便利である。最近では岩波書店から『国書総目録』が出ている。これは諸所の蔵書をあまねく収めた目録で大変便利である。しかしこの本は昭和三十八年以降の刊行であるから、私がこの仕事を始めた際には、未だそのような便宜はなかったのである。

又、昭和三十年になって公刊された川瀬一馬博士の『古辞書の研究』には、多くの『大般若経音義』の諸本が引用されていた。前に述べた諸先学の論文と併せて、有益な材料となったことは言うまでもない。

尚、このような場合、古本屋の売立目録の類が参考になることが多い。殊に近年は一年に一二回、古書の入札販売が催され、その折に豪華な入札品目録が刊行されるが、それらの古書目録の中には、往々にして古写本が載っている。多くは落札されて諸方へ散ってしまうものだし、その買手を知るのは困難なことが多いから、その本を実見する為に直接役立たないこともあるが、図録の写真や解説などで役立つことは意外に多いものである。

かように色々探し求めた挙句、

岡井慎吾博士旧蔵本
大原来迎院蔵本
菊岡義衷氏旧蔵本
大東急記念文庫蔵本
宝玲文庫旧蔵本
無窮会神習文庫蔵本

などのあることを知った。

無窮会は公開図書館で、閲覧をお願いした所、早速拝見することが出来た。無窮会は今は東京西郊の町田の近くに移転したが、その頃は新宿の歌舞伎町の裏辺りに立込んだ界隈にあった。この本は鎌倉時代初期の写本であって、上巻と下巻との二巻から成る本の系統に属するものだが、惜しいことには上巻の一冊だけ、それも巻尾の一枚が失われている。しかし、この種の二巻本の中では最も書写の年代の古いもので、しかも内容的にも極めて良い本文を持っていることが、調査を進めた結果、判明した。

岡井慎吾博士は『玉篇の研究』『日本漢字学史』などの著者で知られた漢字学者で、『大般若経音義』のことは『日本漢字学史』の中に触れられている。博士は既に故人となっておられるが、その御蔵書は、女婿で、現在岡山大学の漢文学の教授をしておられる福田襄之介氏の許にある由を知った。そこで福田氏の許へ、その古写本を拝見したい旨お願いした所、思いがけず、書留便で当の『大般若経音義』を郵送して下さった。一面識もない私にかような恩情を示されたことに感激した。

暫く過ぎて一通り調査も終えたので、お返し旁々御挨拶に上ることにした。前以て日取を打合せた上で、昭和三十四年二月二十五日、急行瀬戸号で西下した。

岡山を訪れるのは私にとって始めてであった。駅頭には福田氏がわざわざお出迎え下さり、車で後楽園に御案内頂いた。午後岡山市郊外大安寺の御自邸に参上、故博士の蔵書が堆高く積まれているお蔵を拝見したりした。故博士が熊本の第五高等学校に御在職中に、その土地の古刹願成寺の経蔵整理を奉仕され、その際住職から贈与されたのがこの『大般若経音義』である由を伺った。又、その願成寺所蔵の『大般若経音義』の別の写本を影写されたものがあり、それを更に転写させて頂くことが出来たのは、思いがけない収穫であった。

夜半まで本を拝見し、翌朝辞去した。近くに吉備線の大安寺駅があり、そこから乗車したが、丁度ラッシュ時で、蒸気機関車が満員の客車を多数牽引した列車に乗合わせたのが、強く印象に残っている。

大原来迎院の如来蔵本というのは、『昭和現存天台書籍綜合目録』にある『梵字真言書』の解説に

梵字真言書　一軸　平安時代写、裏ハ大般若経音義　如来蔵―法

とあるものであって、平安時代の写本というものだから、是非とも見たいと思った。天台関係のお寺だということで、先年来辱知の上野寛永寺春性院の二宮守人猊下にお願いして、如来蔵を管理しておられる蓮成院の斎藤御老師を御紹介して頂いた。

昭和三十三年七月、小林芳規氏と同道で大原に上った。先ず三千院に上り、江智道尼の御案内で蓮成院に参上した。三千院への道を少し入った辺から右に折れて急坂を登った所に蓮成院がある。案内を乞い、奥の間に通されて、斎藤御老師にお目にかかった。明治十六年以来此処においでになるというお話であった。朝方は生憎の雨であったが、幸なことにその中に天気は回復した。大正末年から昭和初年ごろに、御老師の作られた目録や東大の史料編纂所で作成された目録などを拝見したが、その中には、目的の平安時代書写の『大般若経音義』というものは見当らなかった。御経蔵の聖教類を拝見の申出が叶えられて、御老師の御案内で出掛けることになった。

蓮成院を出て裏山へ少し登った所に来迎院の建物があった。来迎院は叡山の塔頭で、平安後期十一世紀の中頃に寂源（一〇一三頃）が開いた寺であり、院政時代には学僧が住んで教学に勤めていたようであって、中でも声明の良忍上人（一〇七二―一一三二）は著名であり、この来迎院の名は聖教の

奥書等に頻に見えている。江戸時代までは住侶があったようだが、現在は無住になっている由であった。鐘楼があり、鐘には永享七年（一四三五）の銘があった。ためしにこれを撞いて見たところ、大変良い音がした。その附属の如来蔵は、由緒深い経蔵であって、叡山文庫などにも如来蔵旧蔵の古写本が収められている。平安中後期の写本である『大日経疏』十四帖などは、その一つの例である。来迎院の横には、人の背丈よりも高い熊笹が生茂っていた。その中を押分けて、人一人がやっと通れる小径が更に山の上の方へと続いていた。大分登った所に如来蔵の建物が見えた。扉を開いて二階に登ると、比較的小じんまりとした土蔵造りであって、二階の梁が頭につかえ、中腰でかがんでいなければならぬような所であった。経箱が三つ、法、報、応の名があった。これは、如来三身の、法身・報身・応身に因んで附せられたものである。目指す法の箱も全部調べて見たが、遂に『大般若経音義』は見当らなかった。しかし、法の箱の中にあった『相好文字抄』という一巻の巻子本は、思いがけぬ見附け物であった。この本は、仏の八十相好を現す文字について、諸書を引用して説明を加えたもので、多分院政時代頃

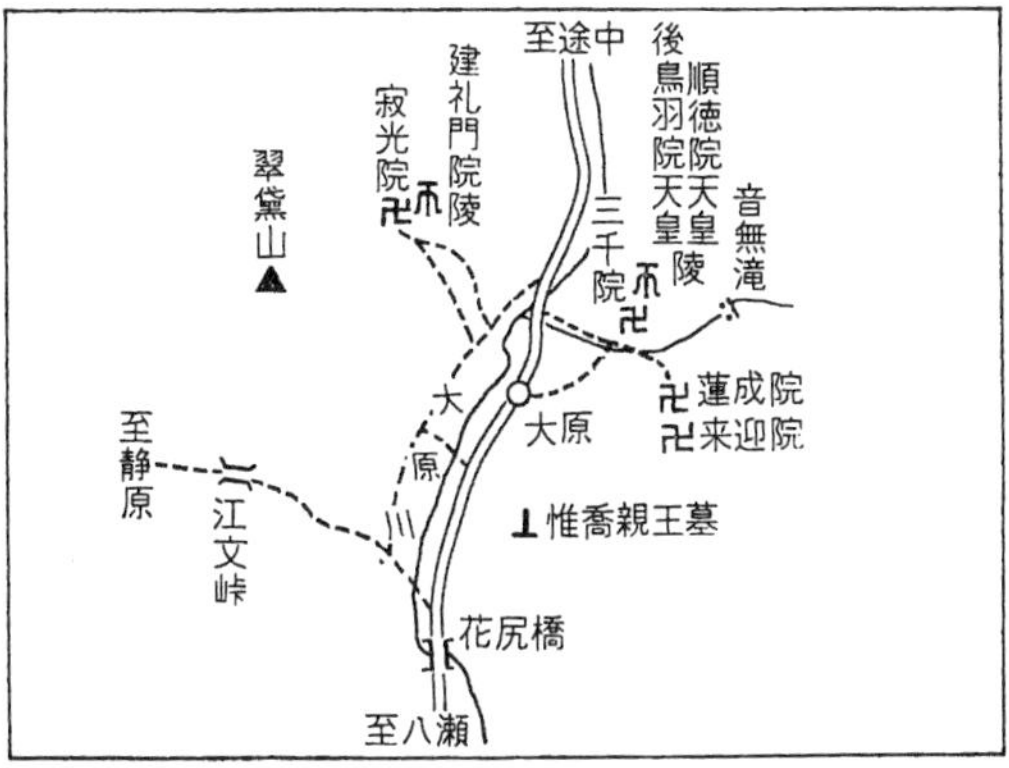

三千院の周辺

三千院

の製作と思われる。その中の記事は

　納言抄云、安適音定也、悦也、又タマ〻〻、又カナフ、又音尺、ユク、又ムカシ、又ハシメ、随レ処可レ読

のようなものであるが、この中で、『納言抄』として引用されたものが、前に述べた石山寺本の『大般若経字抄』の内容と合致することが、後になって判明した。この本が、図書寮本『類聚名義抄』に引かれた「公任卿云」と同一であることも上述の通りで、結局、

　大般若経字抄＝公任卿＝納言抄

ということが判明する。藤原公任は長保三年（一〇〇一）権中納言に、寛弘六年（一〇〇九）大納言に進んだ人で、この『相好文字抄』の記述からしても、石山寺本『大般若経字抄』が藤原公任の撰であるという、渡辺氏の説は、益々確実なものとなったと考えられるのである。

　更に注意すべきは、その引用の中の、仮名遣の点で、

石山寺本が誤っており、『相好文字抄』の方が正しく書いてある例がある。それは

納言抄云頤頷音上瞖下感オトカヒ

の例であるが、石山寺本『大般若経字抄』で見ると、この部分は

頤音医　頷音感　ヲトカヒ

となっており、「オトカヒ」「ヲトカヒ」のように仮名遣が喰違っている。これは「オトカヒ」の方が正しいのであって、撰者公任の年代では、語頭の「オ」と「ヲ」とを混同した可能性もなくはないが、石山寺本よりも書写年代の古い『相好文字抄』に正しい仮名遣が見えることから考えると、石山寺本の方が後に書改められたものと考える方が自然であり、『相好文字抄』の方に原本に近い形が残っていると考えられる。

如来の相好ということは、他の経典にも見えることだが、取分け大般若経にはその記事が著しく、『大般若経三十二相八十種好』という独立した書物もあるほどなので、『天台書籍綜合目録』にいう『大般若経音義』というのも、或いはこの『相好文字抄』のことを指しているのかも知れないと思ったりもした。

この他にも平安時代の古点本が大分沢山あったが、時間もないことだし、匆々《そうそう》に二三の本を拝見しただけで山を下りた。予期しなかった収穫に胸を躍らせつつも、一方では大変な山中の蔵の開扉に御

老師を煩わせ申したことを謝しつつ、黄昏の大原を後にした。

菊岡義衷氏旧蔵の本は、叡山坂本の仏乗院にあるらしいという二宮猊下の御紹介で同院現住の三浦義薫猊下を訪れた。

京阪電車を坂本の終点で降りるとすぐ左手に日吉神社の大鳥居がある。それをくぐってケーブルカーの方へ向って坂を上って行くと、左手に叡山学院があり、その上手の少し奥まった所に仏乗院がある。綺麗に掃き清められた砂利の道を僅かに上り、くぐり戸を抜けて案内を乞うと、落着いた建物の中に通された。奥は、江戸時代からの由緒ある庭になっていて、見事な苔や泉水のたたずまいが旅情を慰めてくれる。

三浦猊下に拝眉、来意を告げると、快く件の『大般若経音義』を出して下さった。例の二巻本であって、室町時代の写本、上巻のみの欠巻一冊本である。内容・分量とも、丁度無窮会本と大体同じものであった。この本は恩借を辱うし、自宅へ持帰ってゆっくりと調査させて頂くことが出来た。

古点本の調査のことなど申上げると、『三密浅深随聞記』康和二年（一一〇〇）点本、『小野小町子壮衰記』など数々の御蔵書を見せて下さった。併せて、天台の声明のこと、諸儀式のことなど、素人には貴重なお話を種々承り、記念にと故菊岡義衷師の遺墨を頂戴し、恐縮至極であった。

翌日は叡山文庫に御案内頂き、所蔵の古点本を多数拝見、格別の御便宜を賜った。短い滞在の期間ではあったが、色々な意味で誠に得る処が多かった。三浦猊下の御温情には感激の他なく、以後坂本

水戸の六地蔵寺の調査

を訪れる折には何時も御挨拶に上るのが例となった。其の後、長野善光寺の大勧進をも兼務されるようになり、毎月長野と坂本との間を往復されるような御多忙の御身となられたが、御在宅の折にはお目にかかったり、又お宿を頂いて叡山文庫に通ったりして、御厚情を頂いている。これも元をただせば、『大般若経音義』の取持つ縁だったわけである。

『大般若経音義』探訪の旅はこれだけに止らない。京都大学図書館の本は、当時京大文学部教授であられた遠藤嘉基先生の御高配で詳しく調査させて頂くことが出来た。又、水戸の六地蔵寺の経蔵調査の折、図らずも室町時代の写本を見出した。宝玲文庫旧蔵の『大般若経音義』を、国立博物館の、田山方南先生・是沢恭三先生・近藤喜博先生などの御厚情で、拝見する機を持つことが出来た。

このように、『大般若経音義』を求めながらあちこちを旅行している内には、目的の本をどうしても見付けられない場合もあるが、首尾よく見られた場合の嬉しさは又格別である。更に、それに伴って思いがけず色々な資料に行合うことが多くて、私自身のためには極めて有難い勉強となった。

七　高山寺の冬の旅

京都高尾の奥にある栂尾《とがのお》高山寺の経蔵は、以前から訪書の機を得たいものと切望していた。大矢博士はあまり見ておられないようだったが、吉沢義則博士の点本書目には、高山寺経蔵本として極めて多数の書目が収められていたし、又、若くして陣没された土宜成雄氏の『玄証阿闍梨の研究』（昭和十八年刊）は、主として本経蔵の聖教類に基いて為された業績で、その中には古点本類が相当に多いようであった。中田祝夫博士は、戦争酣《たけなわ》なりし頃の夏に、高山寺に籠って多くの点本を渉猟《しようりよう》され、博士の大著『古点本の国語学的研究　総論篇』の中には、多くの高山寺蔵本が引用されている。平安初期の白点本などはなく、大体院政時代・鎌倉時代のものが多いようであったが、とにかく分量の豊富なことは、石山寺・東寺などと肩を比べる程のもののように思われた。

高山寺を初めて訪れたのは、昭和三十九年の晩秋であった。そのきっかけとなったのは、小林芳規氏の『史記』・『論語』の古鈔本を見たいという希望からであった。当時氏の奉職されていた東洋大学で教え子の島原泰雄君の父君が、建仁寺の島原泰邦氏であって、島原氏が高山寺の御住職と御知合であるということで、その縁によるのであった。当時、高山寺の御住職は小川義章猊下であって、戦時

高山寺の山門

中は文部省の教学局長の任にあられ、戦後、学習院教授を勤められたが、後、高山寺の山主に就任せられた。以前、昭和二十七年には仁和寺の経蔵を拝観することでお世話になったことがあって、その後は年賀状を差上げる程度で、御無沙汰に打過ぎていたから、覚えていて下さるかどうかも心許なかったので、改めて島原氏の御紹介を願ったわけであった。

この年は例年夏に行われる山科の醍醐寺の経蔵調査が、都合によって十一月に延びたので、その帰途、丁度訓点語学会が京都大学で行われるのに出席するため、京都に寄ったのを幸に、島原氏のお伴をして栂尾へ登った。

醍醐の紅葉も見事なものだったが、此処高尾の奥の紅葉は、それに優るとも劣らぬほどのものであった。満山錦を織成すような紅葉の美しさは筆舌に尽し難く、まことに造化の妙に感嘆するばかりだった。

玄関から客間に通されると、何とも言いようのない奥床しい香の匂が漂っていた。やがて小川猊下に御挨拶を申上げる。思いがけず先年の私のことを覚えていて下さって、その節のこと、又、今回拝見希望の趣旨などお話し申上げ、お寺の御都合など伺って、来年二月中旬に五六日程お邪魔し、御本を見せて下さること、その際お宿もして下さることなどを御快諾頂いた。

辞去して、寺の下の茶屋で島原氏にスキ焼の御馳走になり、宿願の高山寺経蔵を拝見出来ることになった喜びで、すっかり気分を良くして、紅葉の絶景に見惚れながら、快い一時を過した。

二月十日といえば、立春は過ぎたというものの、未だ東京でも寒さが身に沁みる時期だった。京都は、四方を山に囲まれた盆地で、夏は暑く冬は寒い。高山寺は、京都市とはいっても、町から一〇粁余り登った山中であり、夏には気温は町よりは五度低いと言われるような所である。極寒二月の寒さは、真に骨身にこたえるものであった。

高山寺の経蔵

今回は、小林芳規氏、峯岸明氏、それに東洋大学の学生の島原泰雄氏、佐藤氏などの一行であった。

御住職・奥様の御厚意で、石水院の手前の木母堂に、掘炬燵《ほりごたつ》をしつらえて下さった。そして、収蔵庫の中から、私どものお願いした書物を探し出して来て下さった。『消息文範』・『史記』・『論語』、それに平安時代の仏書の古点本の数々を拝見させて頂いたが、何れも素晴しい資料で、一行は皆貪るようにノートを取った。小林氏は、『史記』や『論語』の漢文の本文を写して来られていたので、そのノートに訓点を移点する仕事を、小林氏、峯岸氏と私と、三人で分担してすすめた。

一日二日と瞬く内に過ぎた。三日目位になって、収蔵庫の中を拝見させて頂く機があった。三階建であって、一階には主に什器類、二階は百七十余箱の経箱が、ガラス戸棚の内に番号順に収納されている。三階は、国宝、重要文化財指定品が主で、その他主として仏教関係の活字本が若干ある。

国宝（新国宝）指定の典籍は、点数はさほど多くなく、しかもその大部分は東京又は京都の国立博物館に預けられていて、お寺にあるものは、さほど多くない。しかし、重要文化財に指定されたものは、総計千点余りあり、中には薄い冊子の聖教も多いけれども、大巻の巻子本数巻に及ぶものもあり、その分量は、ガラス戸棚の間口五間程の部分に数段に分けてぎっしりと並び、その他に未修理本が三尺四方の深さ二尺程の箱一杯に収められている。

しかもこれらの中で、訓点を記入したものが極めて多い。普通は全経巻の中、訓点本はその一割か二割位なものであるが、この庫の資料は、二点に一点位の割合で点本である。その上、明確な奥書を記してあるものが非常に多い。文字通り点本資料の宝庫であると感じた。

木母堂では、昼ばかりでなく、夕食後も調査の時間があったから、夜の更けるのも忘れて熱中した。炬燵に入っていれば暖かいのだが、何かと身体の自由がきかず、どうも能率が上らない。遂に炬燵から抜出し、外套を引被ってやった。手がかじかんで、どうにもならなかったが、それでも毎夜遅くまで頑張った。

昭和三十二年二月十九日附で、高山寺聖教類合計千七点が重要文化財に指定となった。全体が三部に分れており、第一部は未修理本で三百六十点、第二部は修理済巻子本（多くは木箱入）で四百六十四点、第三部は修理済冊子本で帙《ちつ》に入っているもので、二百三十七点である。

この調査で得た所は、大変多かったが、その中で一つだけ触れておくことにする。

『大日経供養持誦不同』という本は、七巻七帖の本であって、院政時代の保延四年（一一三八）の奥書がある。奥書は各巻に亘って見られるが、その中で、巻第五と巻第七のものを挙げておくと、

（巻第五奥）

（朱）保延四年三月八日未時許宝幢院西谷北尾十妙房西面《ニシテ》戒香房校点了　四明房者文忠明養房

願以校点力　往生西方界　坐蓮花台上　聞弥陀説法云々

往生極楽《ノ》乃因　過此《ノ》校点力《ニ》耶

（巻第七奥）

（朱）保延四年三月七日宝幢院西谷北尾成勝房西面《ニシテ》戒香房本《ニシテ》校点了

天台末流覚者文忠

生年廿一為往生極楽也

（墨）伝持僧玄証

のように解読される。訓下して見ると、

（巻第五奥）

（朱）保延四年三月八日、未時許《バカリ》（午後二時）、宝幢院ノ西ノ谷ノ北ノ尾ノ十妙房ノ西面《ニシオモテ》ニシテ、戒香房（ノ本ヲモッテ）校点シ了《ヲハ》ンヌ。四明房者、文忠、明養房願ハクハ校点ノ力ヲ以テ、西方界ニ往生シ、蓮花ノ台上ニ坐シテ、弥陀ノ説法ヲ聞キタテマツラム云々。

往生極楽ノ因、此ノ校点ノ力ニ過ギムヤ。

（巻第七奥）

（朱）保延四年三月七日、宝幢院西ノ谷北ノ尾、成勝房ノ西面ニシテ、戒香房ノ本ニシテ、校点シ了ンヌ。

天台末流覚者文忠、生年廿一、往生極楽ノ為ナリ。

（墨）伝持僧玄証

と訓まれる。即ち、この本は、保延四年三月に、天台宗の覚者（出家した僧の意か）で生年二十一歳である文忠という僧侶が、宝幢院の西の谷の北の尾の十妙房又は成勝房という建物の西側の部屋で、戒香房（これは建物の名か、それとも住僧の名か、はっきりしないが、後者か）の本によって本文を校合し点を加えたというのである。文忠は更に筆を続けて、この校点の力によって、西方の極楽世界に往生し、蓮の花の台の上に坐して、阿弥陀如来の説法を聞き奉ることが念願であり、この校点は極楽に往生する因とするためであって、このような校点の力に過ぎたものはないと述べているのである。生憎、文忠という人の伝記は明かでないが、宝幢院というのは、天台宗比叡山西塔の中の塔頭の一つであって、恵亮和尚が嘉祥年間（八四八―八五二）に建立したものであり、現在は廃亡してしまったけれども、江戸時代までは存続していたのである。

所で、この点本には、全巻に亘って朱点のヲコト点や仮名の書入れがあるのだが、そのヲコト点の主なものは、

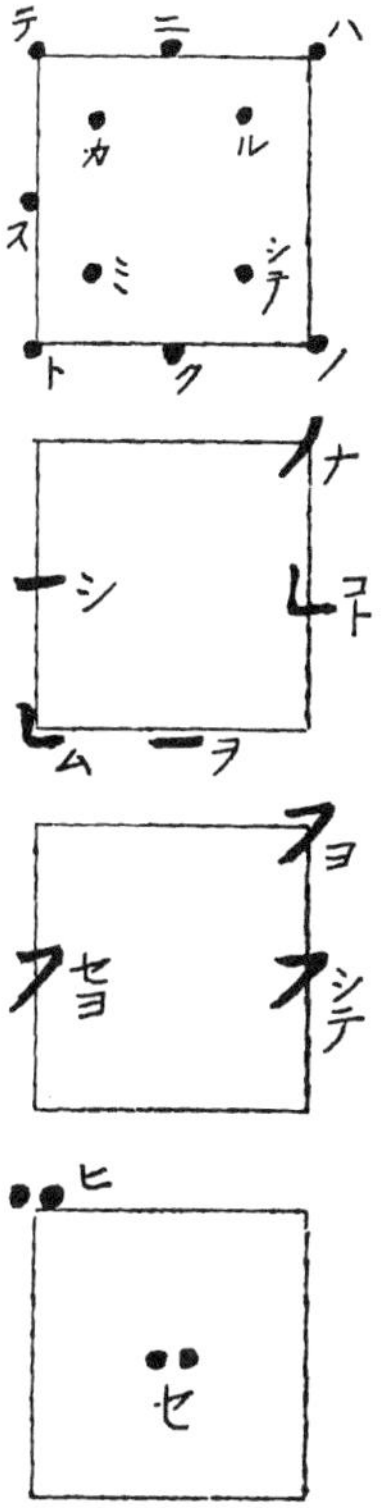

のようになっている。これは、星点が上の辺に、左から順にテ・ニ・ハと並んでおり、ルは少し中に入り込んでいるが、一往テ・ニ・ハ・ルと続くもので、中田博士の第四群点に属するものであることは確かである。しかし、前にも触れたように、第四群点に属する点には、社会的に共通的に広く用いられた固定した点というものが、平安末期に至るまで遂に出現せず、大綱は同様だけれども、細部に

至ると、殆ど資料ごとに別個の符号になっている。しかも、具合の悪いことには、この種の文献には、奥書のあるものが極めて少い。他の種類点本と比べてあまりにも例が少いのであって、そのこと自体、何かの意味があると思われる程である。それはともかく、中田博士は、夙《はや》くこの資料をも見られ、この「天台覚者文忠」という奥書に着目され、この第四群点は、天台宗所用の点であろうと推定されたのであった。ただ、この識語の中で、「宝幢院」の「宝」の字が、原文では「宝」のようになっており、「安幢院」とよまれていたため、比叡山の点本とまでは確認されなかったのであるが、この草体の字は確かに「宝」と訓むべきもので、叡山の点本として確認してよいと思うのである。

この点本の奥書によって、第四群点の一つが、天台宗比叡山で使用されていたことが明かになった。しかし、事はただこれだけで止まったのではない。進んで、当時の天台宗のヲコト点全体の情勢を掴むための、大きな足掛りとなったのである。

天台宗には、古くから、円仁門下の流である山門派と、円珍門下の流である寺門派とが分立しており、教義の点でも若干の対立した立場を持っていたといわれている。ヲコト点の点法について見ても、円珍門下の寺門派では、相当に早い時期から、西墓点が固定して専ら使用されていたらしいが、それに対して、山門派の方では、固定したヲコト点というものがなかったらしい。古いところは資料が乏しいのでよく分らないが、西暦十一世紀の始頃には、仁都波迦点、宝幢院点などが行われており、更にその他に第一群点（テヲニハ点）に属するもの、その変形の第五群点なども行われていたらしい。

そして、第四群点も、その一つであったとして良いのであろうと考える。叡山での仏教の学問の内容については、門外漢の私には全く疎いのであるが、宗義の面でも、浄土宗・日蓮宗・時宗などが分立したのは叡山であるし、音韻の学でも、叡山の学問的発展は最も顕著である。叡山の学風として進取的な風潮があったことを考えて良いのではなかろうか。そして、ヲコト点が多種多様のままで行われていたのは、教学の内容や学風が統一されない状態であったからとも考えられようが、一面から言えば、各自が独自性創造性を多く保持していたためとも見られるのではないかと思う。

更に又、第四群点が天台宗叡山系であったとすると、宝幢院点という新出のヲコト点が、やはり叡山系であり、しかもそれが、この第四群点や第一群点の仁都波迦点（これも同じく叡山所用）と関係が深く、それらを基にして製作されたらしいと考える根拠が強くなるのである。

もとは「宝」という一字の解読であるが、それから色々に問題は発展して行ったわけである。

この時拝見したお経の一つに、『虚空蔵菩薩所問経』というのがあった。修理済の重文第二部の中に、木箱に収めてあった巻第七の一巻一軸の巻子本で、料紙は白色の楮紙、表紙はないが、虫害なども少く、比較的良い保存の本である。その巻第二の奥書には

長治元年五月十三日奉供養

掃部頭丹波雅康

（別筆）嘉承元年丙戌五月十二日

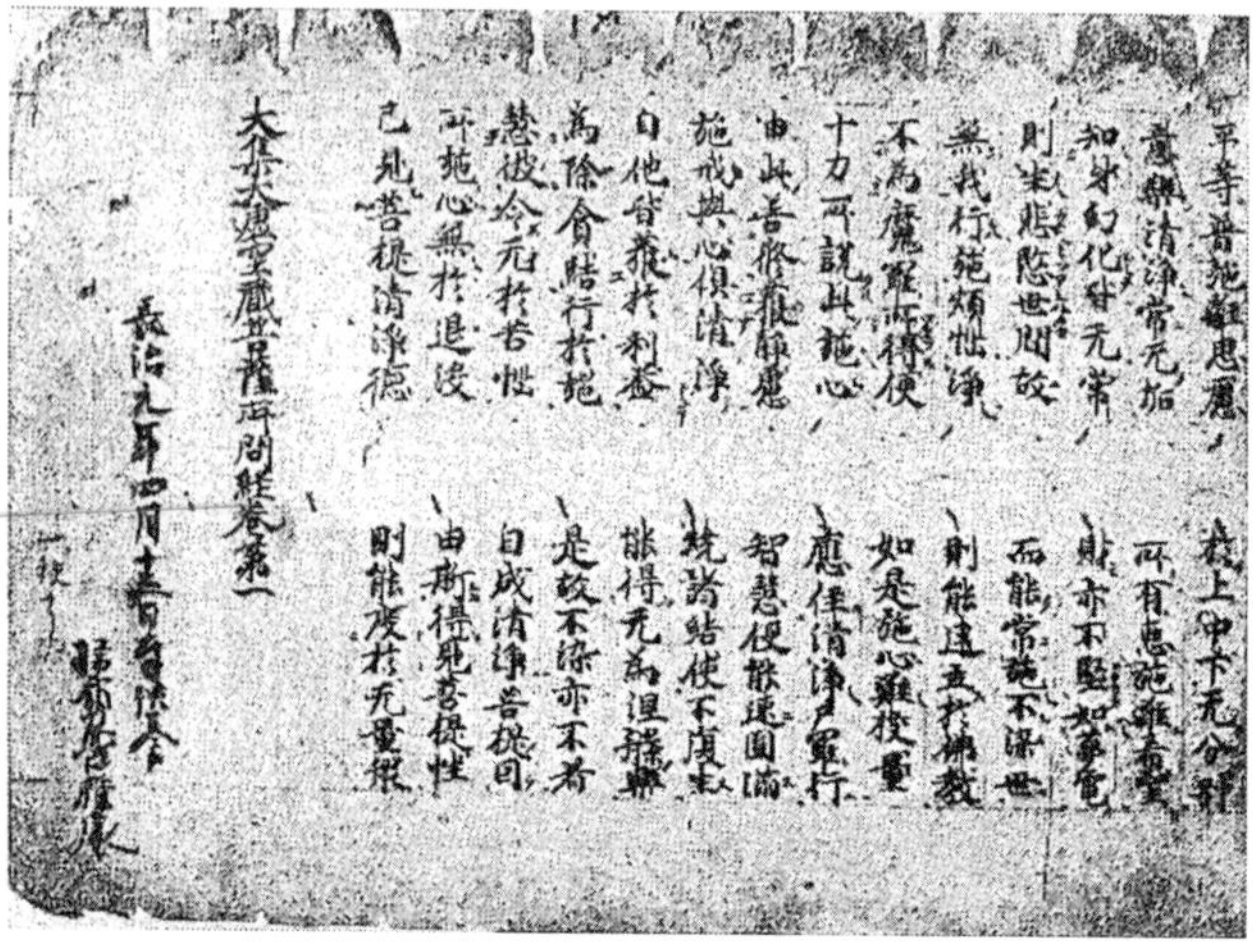

虚空蔵菩薩所問経巻第一

東京帝国大学旧蔵本で、大正12年〈1922〉の大震災で焼失したと考えられるもの。高山寺現蔵のものと僚巻であったらしい。

□自聖持経所（?）口請点了大法師重進（遅カ）

のような奥書がある。この後、更に重文第二部の中に巻第六の一巻、重文第一部の中に巻第二・三・四・五の四巻があることを知り、合計少くとも六巻六軸あることが判明した。これは何れも同一の筆蹟によるもので、僚巻と見るべきものである。本来全部で八巻ある筈だから、巻第一と第八との二巻は散逸してしまった可能性が多い。所が大正六年に刊行された『本邦古写経』を見ると、その中に、東京帝国大学図書館蔵として『虚空蔵菩薩所問経巻第一』一巻があり、その巻尾の写真がある。現存の本と比較すると、明かに連れの本であり、古く流出したものであることが知られる。

この経には全巻に墨の訓点がある。墨の訓点そのものは、さほど珍しいものではないが、仮

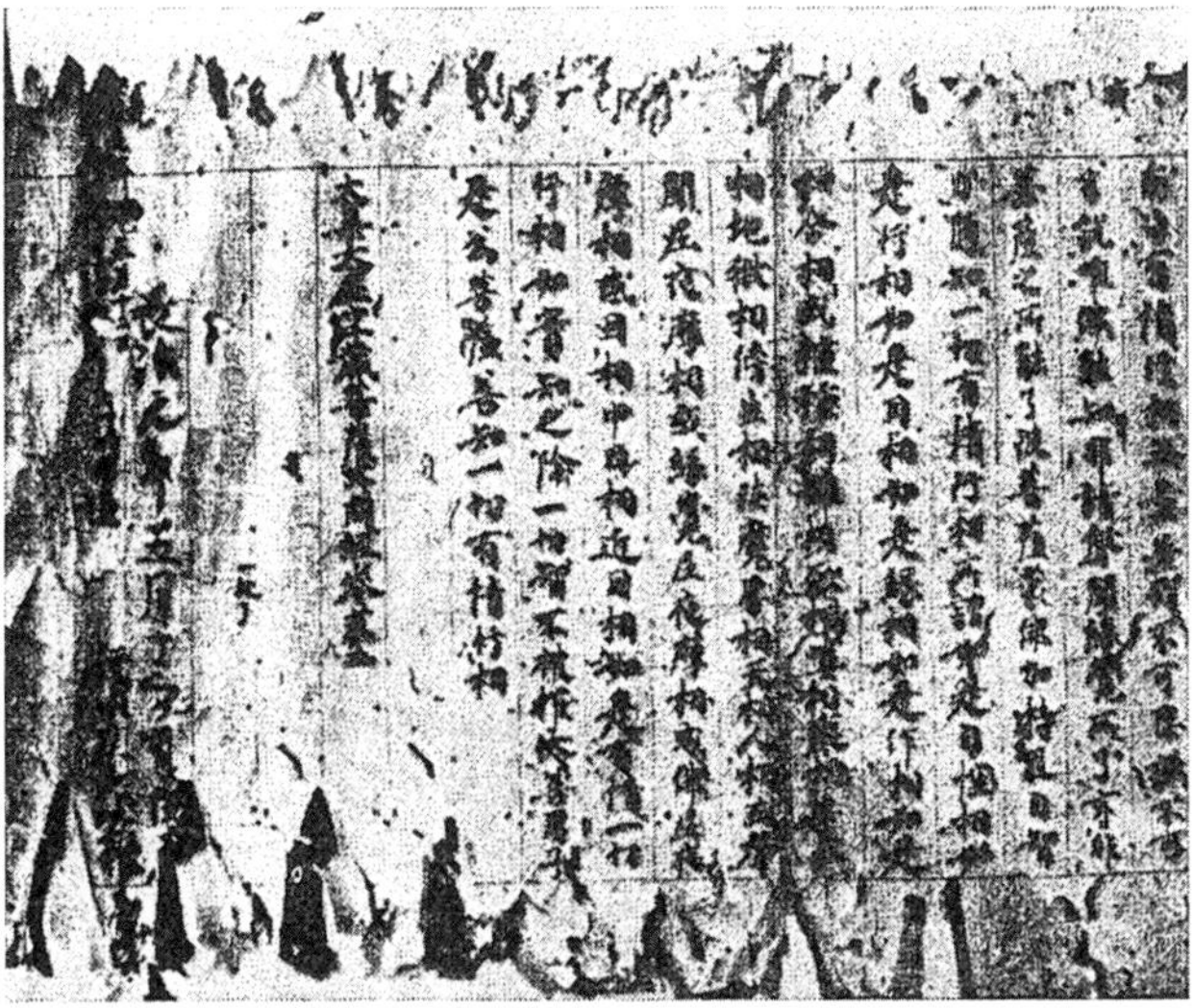

虚空蔵菩薩所問経巻第二（高山寺現蔵）

名ばかりでなくヲコト点までも墨で書加えてある所が、少々珍しいものである。

このヲコト点を帰納して見ると、

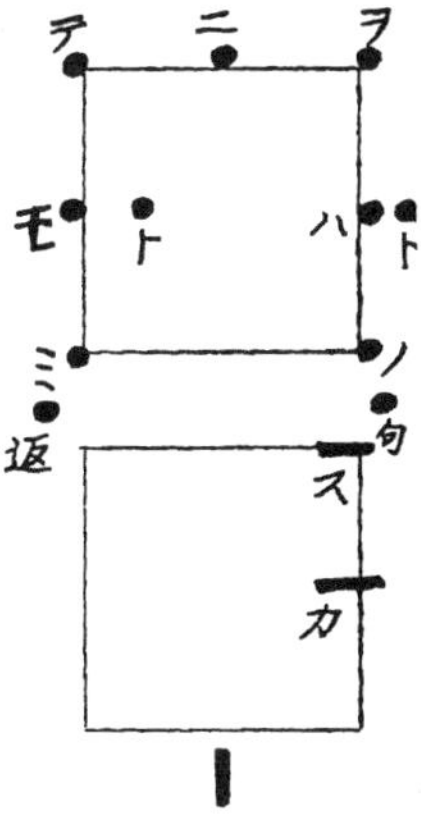

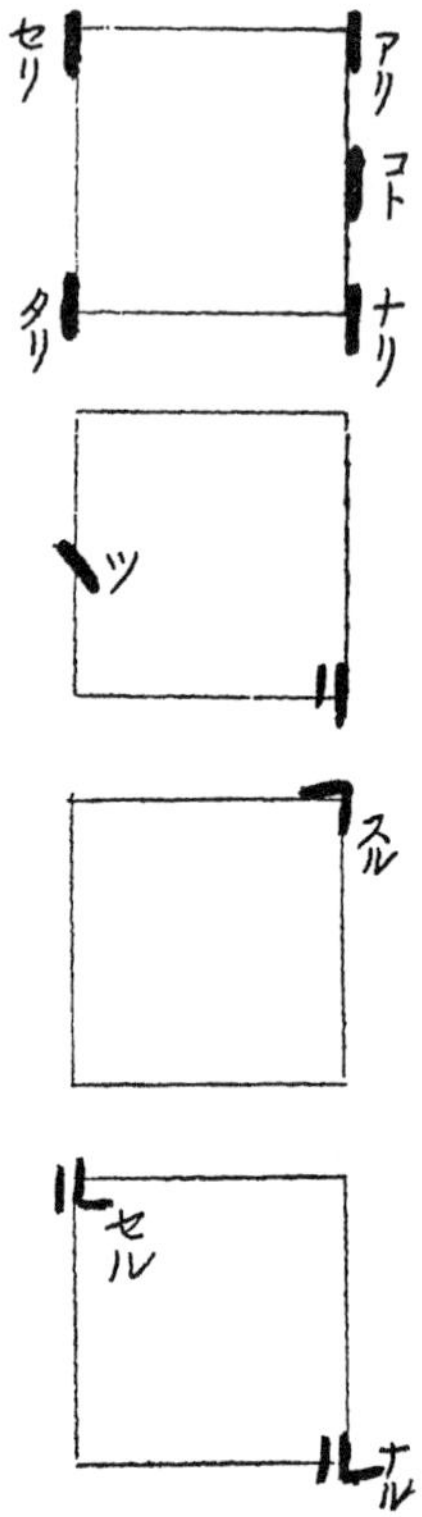

のようなものになった。これは他に全く例のない、珍しいものである。点図集の中で、これと合うものを求めると「広隆寺点」というものが最も近い。しかしこの点は、星点だけ取上げて見ても、上の図のようになっており、『虚空蔵所用経』古点と完全に合致するわけでもない。

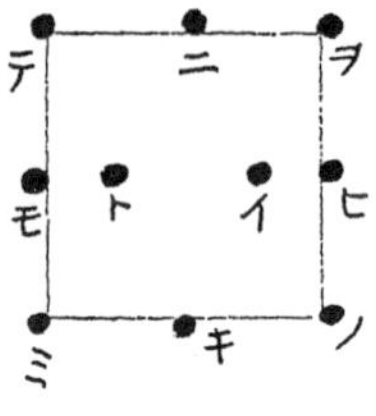

　点図集の広隆寺点について、中田博士はこれを第四群点の一つとせられた。左上隅がテで、次いで、中央上がニである点、第四群点の天仁波流点と共通の性質をもっている。ただ天仁波流点が天台宗系の点であるのに対し、この広隆寺点は天台宗系であるという証拠が他にない。「広隆寺点」という名称そのものは必ずしも古いものとは考えられず、従って全幅の信頼を置くわけには行かないが、「広隆寺」は真言宗の寺院で、仁和寺の末寺であり、天台宗とは別系である。

天台宗関係のヲコト点には、私が「複星点」と称する‥‥などの形の点が、殆ど例外なしに用いられている。点図集では確かに広隆寺点には、第二の壺と第三の壺とにこの複星点がある。しかし『虚空蔵所問経』古点には複星点が見えていない。又、天台宗の点では、壺の四周ばかりでなく、内部にも点のあるのが普通であるが、広隆寺点にはそれが殆ど見えない。これは円堂点・浄光房点・乙点図など、仁和寺関係のヲコト点と共通した性質である。

奥書に見える重進（又は重暹）という僧侶の身元が判明すればよいのだが、これが未だ判らない。真言宗関係の僧侶の名が多く出ているのは『血脈類聚記《けちみゃくるいじゅうき》』という本であるが、これにも重進の名前は見当らない。一方、丹波雅康という人がこの経を供養したと言っているが、この人は丹波氏系図に見えており、左のような家系になっている。丹波氏というのは、平安初期以来、歴代陰陽寮の医博士の職を世襲していた医者の家柄である。丹波氏と仁和寺との関係は、あまり明かでないが、仁和寺の記録である『御室相承記《おむろそうじょうき》』を見ると、治暦元年（一〇六五）に丹波良基が東宮の使者として仁和寺に参上したというような記事があり、又、仁和寺に蔵する『黄帝内経明堂』一巻、『黄帝内経太素』

康頼―重明┬忠康―雅康
　　　　　└重康┬重頼―基康―頼基
　　　　　　　　└重基―憲基

二十三巻には、承安二、三年（一一七二―一一七三）に亘って、丹波憲基・頼基の加えた訓点がある。この本は国宝に指定されているものであるが、その加点者は上に掲げた系図で見られるように、同じ丹波家の一族である。

又、同じく仁和寺に蔵する国宝『医心方』五帖は、平安末期の書写であるが、『医心方』そのものが丹波氏の一族たる丹波康頼が永観二年（九八四）に撰述したものである。

『黄帝内経明堂』・『黄帝内経太素』古点のヲコト点は次のようなもので、やはり第五群点（テニヲハ点）の一種であり、これが丹波家所用の点であったと推定されている。『医心方』の訓点は、平安末期の頃の加点であるが、そのヲコト点は右とは異り、博士家点（丙点図）に近いものらしい。

『虚空蔵所問経』のヲコト点は、私の想像するところでは、どうも、仁和寺関係のものではないかという感じがするのである。

同行の小林氏は、漢籍の点本について殊に造詣が深いが、この点本に丹波雅康の名が見え、丹波氏関係の本であることに関心を抱かれ、殊に詳密に調査されている。右に述べたことの中にも、小林氏からの教示が多かったことを申添えて置きたい。

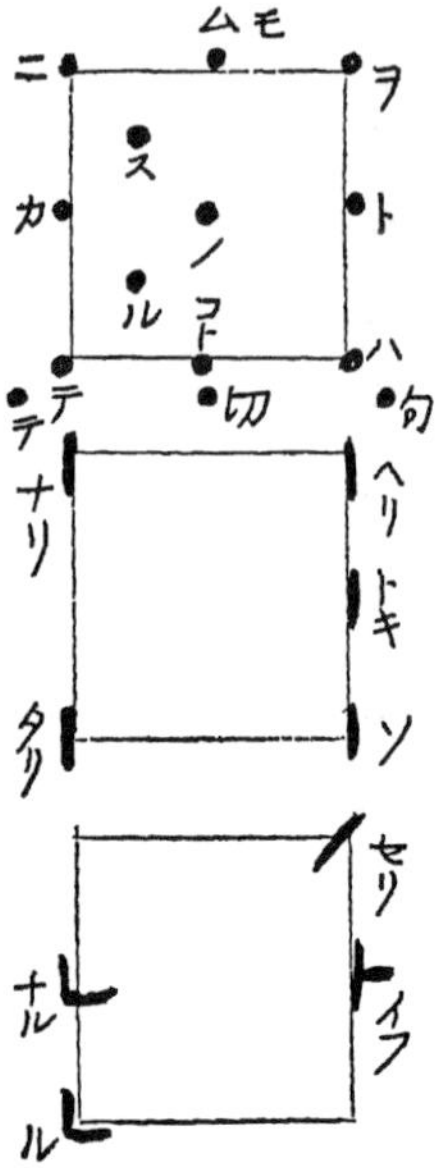

八　経箱に詰っていたもの

明恵上人の御廟の下に開山堂という三間四方の堂宇がある。江戸時代享保年間（一七一六―一七三六）に再建された建物である。その右手、崖縁に近い方に、白い土蔵造の宝蔵一棟がある。二階造で外側は漆喰が塗ってあるが、内部は木造になっている。前に述べたコンクリート三階建の新宝蔵が出来る昭和三十四年までは、長らくこの経蔵の中に聖教類も全部収められていたわけである。

昭和四十二年の春、調査で山籠した際、始めてこの経蔵の内部を拝見する折があった。二階へは入口からすぐ左手の階段を上るのであるが、一階の天井の一部が引戸になっていて、それを開けて二階の床に上るようになっている。二階に上って見ると、真昼間なのに、漆黒の闇であって、薄気味悪い程である。明取りの窓を開けると、やっと光が指し込んで来て、中の様子が判るが、それでも尚薄暗い感じである。四方に棚があって経箱などが収めてある。今も結構沢山箱があるが、もと百七十箱もの経蔵があった時は、さぞぎっしり詰っていたことであろうと思いやられた。

二階の床の中程に大きな黒ずんだ長櫃がある。幅が三尺（九〇糎）位、長さは一間（一・八米）以上もあろうかと思われる。中を覗くと軸物が入れてあって、その蓋の裏には長承二年という年号記のあ

高山寺開山堂と古経蔵

る墨筆の識語がある。長承二年といえば西暦では一一三三年、平安時代の末、院政時代の中頃である。その字体を見ると明かに長承の時代の筆蹟であって、従ってこの長持もその時代に製作されたものであることが判る。ただこの中には掛軸のようなものばかりであって、書籍の類は見当らなかった。

同じ二階の床に半分壊れかけたような経箱が幾つか置いてあった。虫が喰って縁などはボロボロになっている。その中の一つの箱の蓋を一寸開けて見ると、驚いたことには、中にぎっしりと聖教類が詰まっている。このようなものがもう一箱、合計二箱あった。ただどれもこれもひどい虫喰いで、表紙だけのもの、紙一枚だけのもの、巻首のないもの、巻尾の欠けているものなど種々である。この箱には勿論函番号は附いておらず、先年の文化財保護委員会で作製された目録にも入っていないものであった。新経蔵とは別に、離れて置いてあったから、恐らくその折には目に触れられなかったのであろう。しかしその中を少し詳しく調べて見ると、平安時代、鎌倉時代の年号の識語のあるものが続々出て来る。その他、あまり多くはないが、古文書の類もあるらしい。又、朱点や墨点で訓点を書入れたものも非常に多い。半分以上は古訓点本のようである。勿論順序は混乱していて、何点何冊あるのか見当も附かない。これは是非整理してどんな資料があるか、確かめて見たい気持に駆られた。

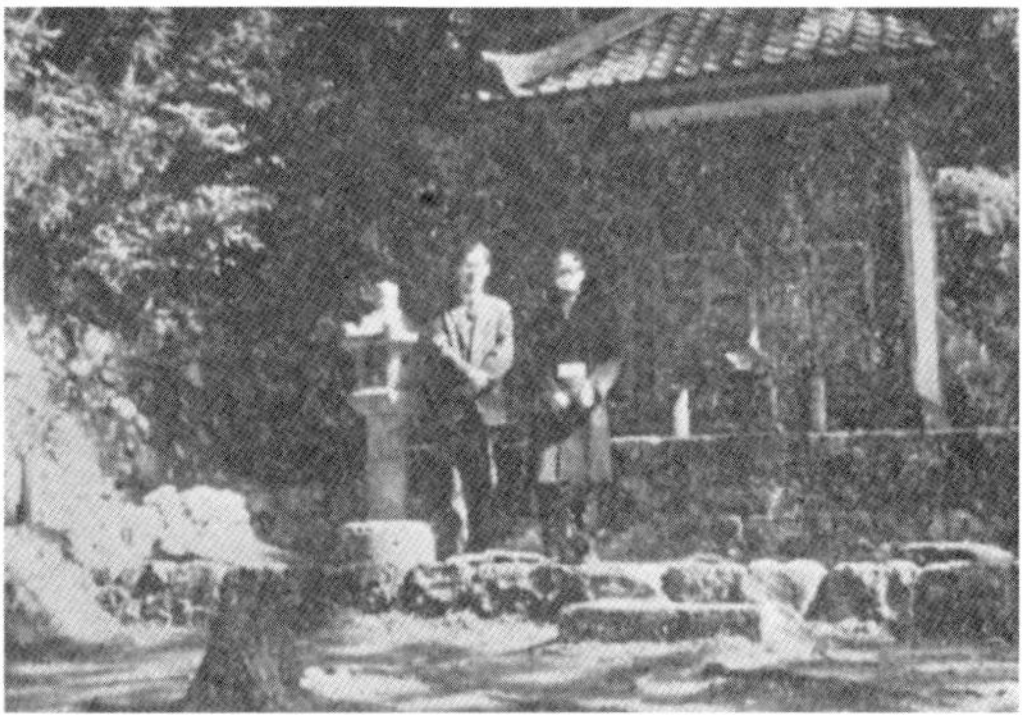

高山寺の明恵上人廟

後程本坊に下って小川先生にこのことを申上げたら、次のようなお話を伺った。大正の末か昭和の始の頃、仏教学の泰斗高楠順次郎博士が御弟子達を引連れて来山、聖教類の整理をされたことがあった。その時、破損のひどいものを一括して納めて置かれたのがこの箱に入っているものだということであった。今回は前から予定して手をつけかけていた仕事があるから、一往見送り、何れ近い折にこの整理をして見ることを期して、取敢えず下の新収蔵庫の内に運び下しておいた。

同年の夏休、七月の始に再び高山寺を訪れた。今回は前に新しく見出した聖教類の整理が目的である。どんなものが出て来るのか判らない。胸をはずませながら仕事にかかった。今回の

ボロボロの聖教類

同行者は、小林芳規、奥田勲、柳田征司、白藤礼幸、山口佳紀の諸君で、私と併せて合計六人であった。

先ず箱を下の茶室に運び込んだ。虫喰のために、紙と紙とが附着していて、丁寧にはがさないと破れるおそれがある。別々の本がくっついて一つになっているものもある。一冊ごとに分けるのにも思いのほか時間がかかる。冊子本が大部分だが、中には巻子本もあり、又、一枚だけの古文書の類も大分ある。大きさも区々で、大型のもの小型のもの様々である。

第一の段階として、冊子本と巻子本とに大きく分ける。巻子本といっても、軸のあるものは極めて少く、表紙や紐などは殆どない。料紙が一枚一枚ばらばらになっているのもあって、形だけからは一

冊子本と巻子本との分類

枚ものと巻子本と殆ど同じものも少くない。冊子本の方も、一枚だけのものもあるから、文書か冊子本か見分ける必要もある。

かようにして最初に冊子本と巻子本とに分け、冊子本を更に大型本、枡型本に分け、古文書をより出して区分する。巻首のあるもの、巻尾のあるものは、多くは首題（内題）又は尾題があるから、それによって書名が判るが、首尾共に欠けているのは、内容から見る他はない。しかし多数は仏教の聖教類であり、その方面に全く暗い我々としては、本文の内容で書名を判定することは殆ど不可能である。止むを得ず、既に題名の判っているものと料紙が同じで筆蹟が似たものを探し出し、寸法が正確に合うかどうか、虫喰の穴が上下続いているかどうか、文章の続き具合が良いかどうかを調べて、それらがうまく合えばそこで始めて一冊に合せることが出来るのである。

巻子本の方は、糊離れしているものが多い。巻子本には多くは上下の界線があり、これはもと本を書写するとき糊附をしたあとで左右の紙に跨って返して界線を引くものであり、天地の長さは、大体は同じでも、細かく見るとほんの僅かずつ違っているから、そのことを逆に利用して、糊離れしている左右二枚の上下界線を併せて見て、ぴったりと合えば、前後続いていることになる。その際、内容上の文字が続くかどうかを考え合せることは勿論である。虫喰の穴が左右続いていたり、大体等間隔で同じ形の穴が並んでいたりすれば、糊離れする前の虫喰の穴であることが判るが、ただ糊離れの後にも虫喰は起るわけで、両方の穴が混合して大変判りにくいこともある。

又、このような整理の折には大量のゴミが生ずるものである。しかしその中には、書物が破損した一部分、虫喰のために書物の一部分が離れて落ちてしまったもの、などが混合しており、決して不用意に捨てることは出来ない。正倉院の整理の際なども、塵芥を一括して納めると聞いているが、今回もこれらのゴミを一括して取纏め、決して棄てないことにした。

このようにして次第に整理を進めて行った。完全に揃ったものはあまり多くはなかったけれども、相当な価値のありそうなものを幾つか見出すことが出来た。その中の二三について、極く簡単に紹介しておきたい。

国語学的に最も重要だと思われたものは、何といっても『一字頂輪王儀軌音義』の古写本の発見である。この本は従来からも内容そのものは伝わっており、弘法大師空海の作と伝えられていたものである。その伝本は、『大正新修大蔵経』、『弘法大師全集』、『大日本続蔵経』に収められているが、何れも活字本であり、その原本というものも、大正蔵本は天明九年（一七八九）の刊本、弘法大師全集本は文和三年（一三五四）の奥書のある東寺観智院蔵本というものであるが、これら諸本は何れも後世の写本又は刊本を基にしたもので、相互間の異同が甚だしいのである。是非古写本の、しかも出来れば由緒のあるものを探し出して、良い本文を得たいと、年来希望していたのであった。

今回発見したのは、粘葉装の冊子本一冊で、僅か五枚の薄っぺらなものである。他の本と同様、虫喰がひどく、しかも表紙もないので、最初は巻首の欠けた儀軌位に思って見逃していたが、同行の小林氏が虫喰の字を辿りながら判読してこれが『一字頂輪王儀軌音義』であることを発見されたものであった。内容を見ると正しくその本で、万葉仮名の和訓なども大分ある。ただ惜しいことには全くひどい虫喰で、文字の欠けて見えない所も多く、中には一字分位が離れて落ちてしまうところがあり、うっかり頁をめくることも出来ないようなものである。しかし、表紙がないだけで、主題から巻尾まで（尾題は無い）完全に備わっており、更に詳しい奥書まで記されている。その奥書というのは、

本云

以光明山本書写比挍共了

安元三年（一一七七）五月廿日以阿闍梨御房御本比挍付異本浦書等了

建久二年（一一九一）二月以或本交了両三字直之

承元二年（一二〇八）七月十八日書了　覚経

被直本定書写之了

というもので、本文の筆蹟から見ても、確かに鎌倉初期承元二年の書写と見ることが出来る本である。勿論、従来知られていた本の中では最も古い写本である。今述べたように、虫喰が多いのは残念であるけれども、一方、全巻に亘って朱のヲコト点が附いており、それは喜多院点であって、一般に法相宗関係の僧侶が使用した点と考えられているものである（前述、三二頁参照）。

奥書によると、この本を書写したのは覚経という坊さんである。しかしこの名前は、非常に書崩した書体なので、最初は一寸読めなかったが、これも小林氏が解読されたのである。所で、この覚経という人は、普通の僧伝や仏家人名辞書には出ておらず、『血脈類聚記』などにも見当らない。ただ、高山寺の経蔵には、この人の識語を持った本が非常に沢山ある。覚経のことは、この『一字頂輪王儀軌音義』が、どのような教学の世界に伝来して来たものなのか、又、この音義がどのように取扱われて来たものかを知る上に、非常に大切である。それで、次に、小林氏と二人で覚経のことを調べて見ようと思い立った。

以前に文化財保護委員会で作成された重文指定の聖教類の目録によって、覚経の名のあるものを求め、それを一々原典に当って奥書を調査し、多くの例を得ることが出来た。又、指定外の文献にも時折この名が見えており、それらを知り得る限り集録して見た所、大体、次のようなことが判明した。

覚経という僧侶は、僧伝にも見えず、又、血脈の諸本など調べても見出すことが出来ず、結局、高山寺関係の聖教類の奥書で考えるより他ない。彼の記録した識語は鎌倉初期の建仁元年（一二〇一）（十八歳）から見え始め、建暦元年（一二一一）（二十八歳）まで殆ど毎年にわたって、数点の記事が拾い出されるが、建暦元年以降は絶えて見られなくなってしまう。その学統は明かでないが、愛染王法《あいぜんおうほう》、光明真言法《こうみょうしんごんほう》、阿弥陀法《あみだほう》、孔雀経法《くじゃくきょうほう》など作法（祈禱のやり方、順序など）の本を写している。ヲコト点は多く東大寺三論宗点を使用している。これらから考えて、恐らく真言宗高野山関係の学統を承けた僧侶であろうと推察された。又、『転非合業抄』という書物の中に

殊恐短命故此書所出持可哀

とある。「殊ニ短命ナラムコトヲ恐ルルガ故ニ、此ノ書ヲ出シ持ツ所ナリ、哀ムベシ」と訓むのであろう。この識語の日附は、建仁三年正月二十日で、覚経は時に二十歳であった。若しかすると、覚経は身体羸弱《るいじゃく》で、三十歳位で夭折した僧だったのではないかと想像を廻らして見たりした。

もう一つの収穫は、古和讃集の発見であった。この本は、灰色がかった料紙で、表紙とも全部で三十枚あり、縦一〇糎、横一五糎ほどの横綴で、巻末の方はボロボロになっていて、誠に見栄えのしない本である。文字も極めて稚拙であって、表紙には何だか得体の知れない絵が書いてある。多分落書の類であろう。大体本というものは、文字が乱雑であると、実際よりに時代が下って見えるものだが、これも、一寸見た所は、鎌倉時代の写本かと思われるような本であった。所が表紙をよく見ると、

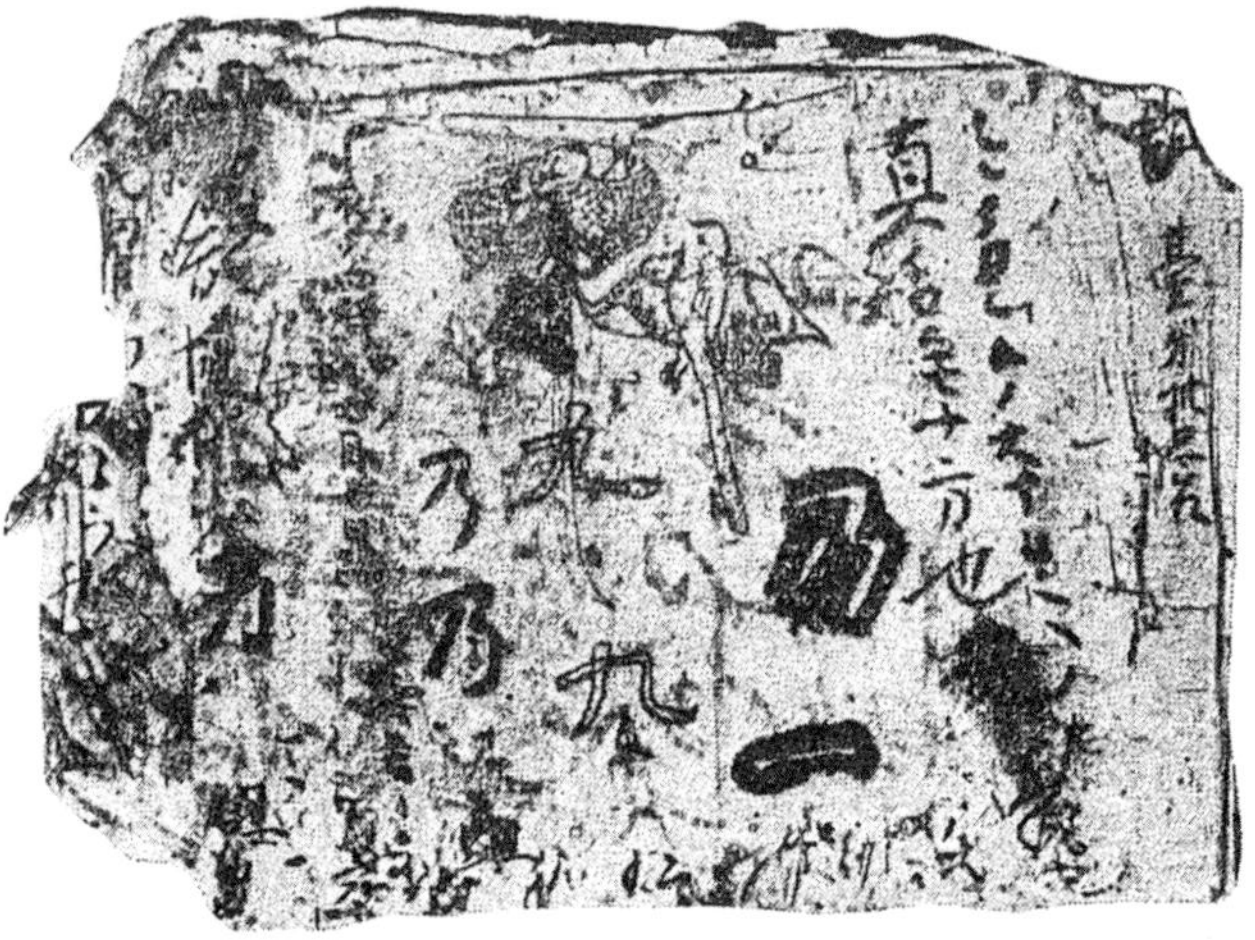

高山寺所蔵の『古和讃集』の表紙

永久四年丙申七月十日シ、ホレト大般若カソヒシナリ

と読まれる。「シ、ホレト云々」というのは、何のことだか、未だによく判らない。何かいたずら書きではないかと思われる。永久四年といえば西暦一一一六年で、院政時代の始頃である。しかし確かにこの識語は永久の頃の筆致であるし、本文を丹念に見ると、

大（タ）爾（ネ）〇（ワ）

などの片仮名が用いてあって、明かに永久の写本と見て良いものである。

本文の冒頭は

山林樹下リニ独リ居テ（山林樹下ニ独リ居テ）

静に法花を誦ス□（静カニ法花〈法花経〉ヲ誦スレバ）

白象王に乗ノリテコソ（白《ビヤク》象王ニ乗リテコソ）

行者の前にそ見給（行者ノ前ニゾ見エ給へ）

と始っており、よく読めない所も若干あるけれども、全体が七五調の歌謡になっている。これは仏教の和讃であって、法会などの折に、仏前で誦詠するものである。本書には「普賢讃」・「菩提心讃」・「竜樹讃」合計三首の和讃が収められていることが判るが、この巻末の失われた部分にはまだ若干あったかも知れない。

国文学史の見地から和讃の体系的な研究をされたのは故高野辰之博士である。博士の大著『日本歌謡史』には和讃のことが詳述され、又同博士の『日本歌謡集成』には、多くの和讃が集録されている。この和讃は、単に国文学史・歌謡史の上から重要であるばかりでなく、国語史の上からも極めて興味あるテーマを提供しているものなのである。和讃の成立は、古くは奈良時代にまで遡り、平安初期以降も代々幾らかずつ新しく製作されていて、夫々に各時代の国語史料となるのである。殊に文体史・語彙史の上からも注目すべきもので、従来の国語史には説き漏されていたものだけに、有益なものである。ただその際、これが国語史料として確実な価値を得るためには、本文が後世の伝写本であっては困るのであって、是非とも、古い時代の写本、出来れば著者の自筆の本を得ることが望ましいのである。しかし、高野博士の蒐集せられたものは、多くは後世の伝写本であるから、国語史料としては必ずしも十分ではない憾があった。

従来知られている和讃の古写本としては、大東急記念文庫所蔵の『大乗広百論釈論』という経典の紙背に書かれている、和讃の断片がある。これは僅か二十行ほどのものであるけれども、内容は恵心

僧都作の「極楽六時讃」の一節である。この『大乗広百論釈論』という本は、平安初期の訓点が加点されているが、奥書に

以大治二年（一一二七）丁未四月之比修治之僧静因之

とあり、紙背の和讃も、恐らくこの大治の頃の書写と考えられるのである。この本は

始メ天空ヨリ起チ給ヒ　躰相威儀厳シク　紫磨金ノ尊容ハ　秋ノ月雲リ无ク　无数ノ光明新ニ
天国界普ク明

のような体裁で、漢字を大字に、片仮名を小字に右に寄せて書いている。これは

始メテ空ヨリ起《タ》チ給ヒ　躰《タイ》相威儀厳《イック》シク　紫磨金《シマコン》ノ尊容ハ　秋ノ月雲《クモ》リ无《ナ》ク　无《ム》数ノ光
明新ニテ　国界普ク明ナリ

のように訓まれるものである。

院政時代末から鎌倉時代にかけて、和讃の写本は幾種類か現れて来るが、それらは何れも漢字片仮名交り文の形式を取っている。それで従来は、和讃というものは古くからすべて漢字片仮名交り文で書かれていたものと考えられて来たのであった。平安初期の写本である『東大寺諷誦文』の中に

百石云八十石云

とあるが、これは、行基菩薩所造の舎利讃嘆というものの一節であって、全文は

百石ニ八十石添ヘテ賜ヒテシ、乳房ノ報、今日ゾ我ガスルヤ、今ゾ我ガスルヤ

というものである。『東大寺諷誦文』は、全文が大体漢字片仮名交り文であって、右の引用も、恐らく漢字片仮名交り文の一部を示したものと考えられ、和讃の漢字片仮名交り文は、平安初期から既に現れていたと思われるのである。「大日本仏教全書」に入っている『園城寺伝記』の中の「慈恵大師和讃」は仮名の部分が万葉仮名であるが、これは鎌倉時代以降のもので、もと片仮名だったのを書改めたのであろう。

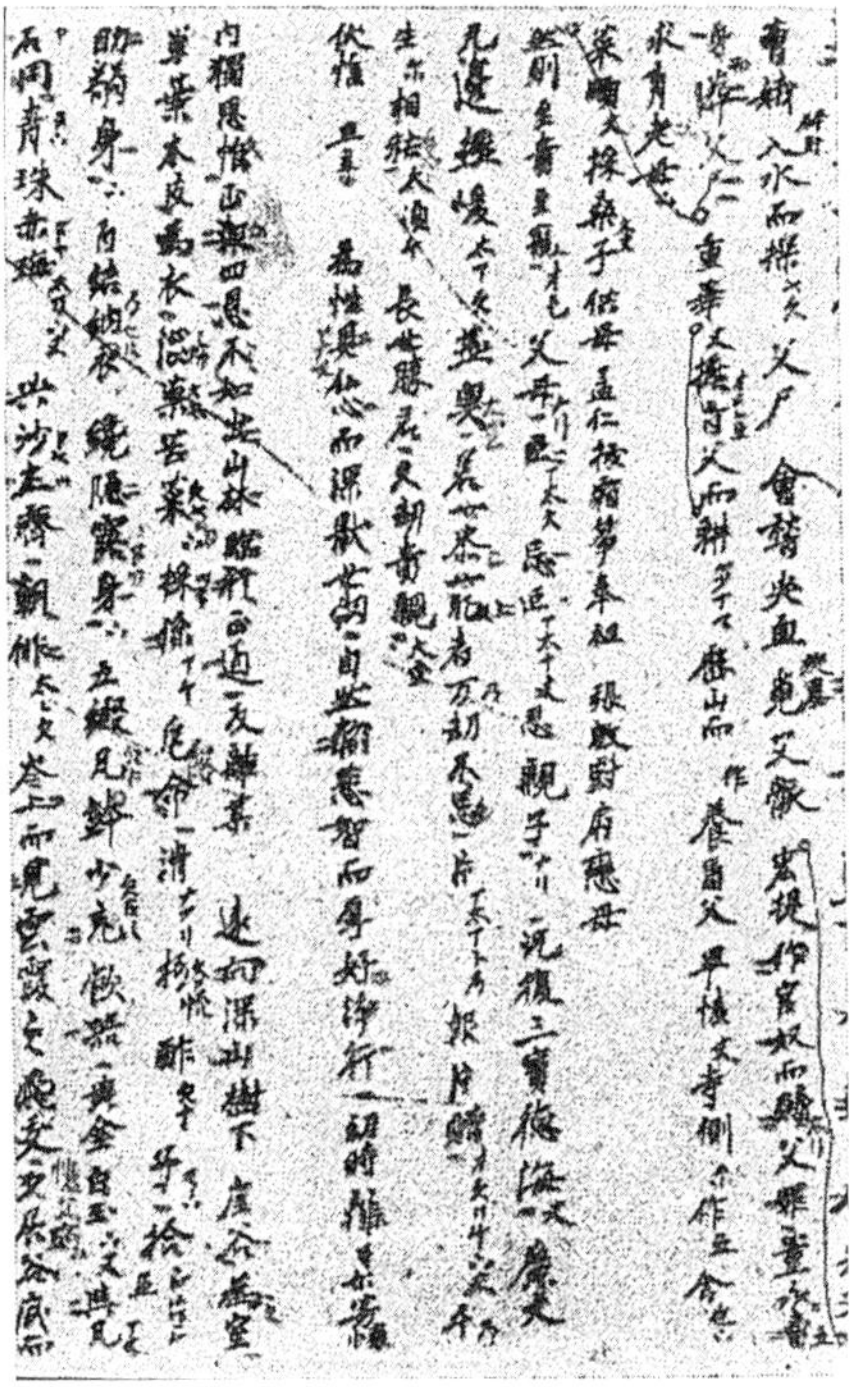

佐藤達次郎氏旧蔵『東大寺諷誦文』
（複製本による）

所が、この高山寺本の和讃集は、前に述べたように、漢字を大きく書いてあるのは他本と同様だが、他と異るのは、片仮名と並んで平仮名を併用していることである。漢字に平仮名・片仮名両者を混用するのは、前田本『中外抄』や『玉葉』など記録類に例があり、殊に珍しいわけではないが、何れも古記録類の文献であり、和讃の古写本で平仮名を交ぜて書いたものは他に例がなかったのである。このような点で、これは国語文体史上、極めて興味のある文献であるということが出来る。

九　屏風の下張りにあった古経巻

昭和四十二年一月末の日曜日の朝、大阪から電話があった。出て見ると、長沢規矩也先生からで、今大阪にいるが、先日の話の郡山の石田貞雄氏をこれから訪問するから来るようにとのこと、早速用意を整えてその夜の夜行「大和」号で西下した。寝台の中は暖かだったが、奈良の駅に降り立ったらひどく寒い朝で、停車している蒸気機関車の下からは真白な湯気が吹出していた。

湊町行の気動車に乗換えて次の郡山駅に下りると、前以て長沢先生からの連絡があって、石田氏が改札口まで出迎えていて下さった。早速タクシーでお宅へ案内される。石田氏は骨董品や古美術品を扱っておられ、奈良地区の古美術商の組合長の職にあられる、土地の有力者である。お宅は城下町郡山の古い町並の中に軒を並べた店構えであるが、内庭には見事な石燈籠や大きな泉水があり、素晴らしい緋鯉や金魚が無数に泳いでいる。石田氏は金魚に関するコレクションでもその道では夙《つと》に令名があり、金魚の由緒などについて面白いお話を色々伺っている内に、長沢先生が例の羽織袴姿でお見えになった。

今回石田氏を訪問したのは、実はその前年に、氏が古屏風の下張に使ってあった反古の中から『成《じょう》

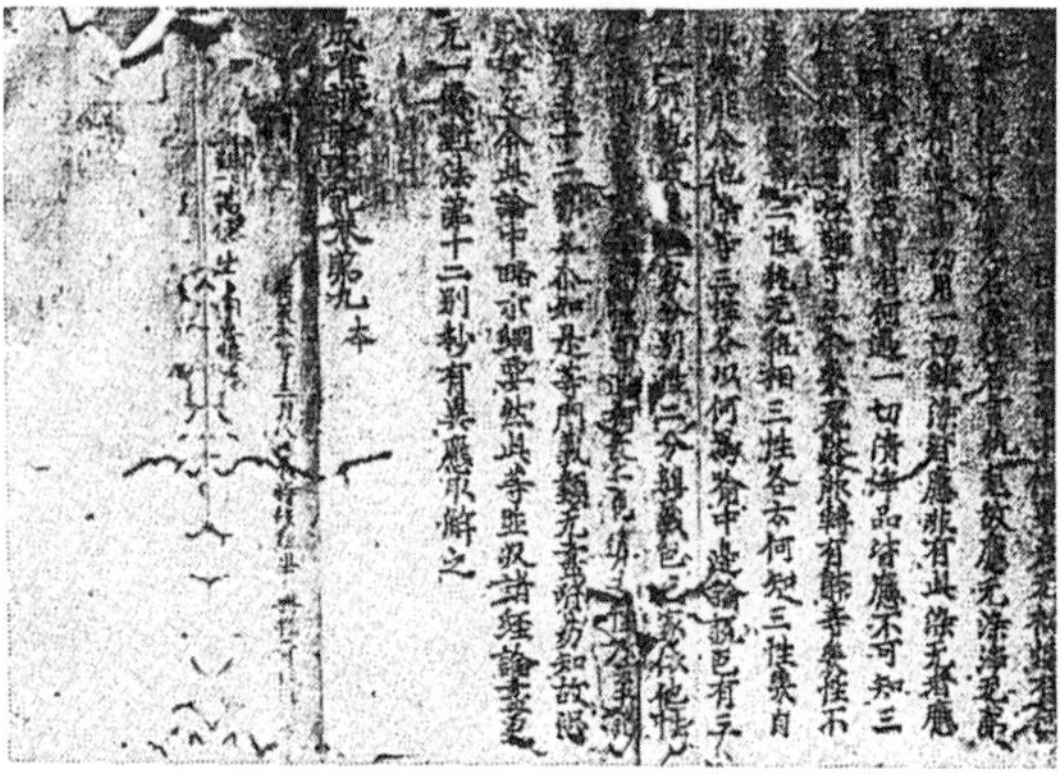
石田氏発見の成唯識論述記（天理図書館現蔵）

唯識論述記《ゆいしきろんじゅつき》』という古い摺経（木版で印刷した経典）が出て来たというので、それを拝見し調査するのが目的なのであった。所で、石田氏の所蔵品をどうして私どもが知ったかというと、それは次のような次第である。即ち、その前の年、昭和四十一年の夏に、長沢先生は日光天海蔵の典籍類を調査されて、蔵書目録を作成されたのであったが、その際私もお伴をしてお手伝したのであった。その時の調べで、新しく発見されたものや、従来から知られてはいたが、今回の調査で更に素姓がはっきりしたものなどが何点かあった。その中の一つに、『成唯識論述記』十三巻があった。これは古い刊本であって、現存する古刊本遺品の中では有数のものとして、夙に著名な文献であり、昭和十二年には重要美術品に指定されていたものである。所が、従来は漠然と十三巻を一括して、同一の版であるかの如く扱われていたのであるが、その折の調査によると、版は全巻同一ではなくて少くとも五種類はあり、古いものは平安後期から、新しいものは南北朝時代にまで及ぶかと思われるし、又、それに加えられた古い訓点にも、数種類があり、平安後期から鎌倉時代に及ぶものであった。

この発見が偶々新聞紙上に報道されたのだが、その記事を読まれた石田氏が、「実は私の所にも『成唯識論述記』の古い刊本があり、その入手した経緯は云々」と、長沢先生に報告され、その一部の写真をも送附されたのであった。それでは実物を拝見しようということになって、今回の西下となった次第である。

石田氏の直話によると、その前年の夏頃、六曲一雙（十二面）の古い屛風（但しその内一面は欠失して十一面だけ残っていたもの）を入手された。その表は、明治の初期頃の大して価値もなさそうな、虎の姿か何かを画いた絵であったが、縁取りをしてあった古い布裂が面白そうなので、それだけでも剝して他の装幀に使う位の気持で買取られたものであった。布裂の他は風呂の焚付にでもしようと思ってその表紙を剝して見ると、何かしら古めかしい書類のようなものや古い板本のようなものが、その裏打用として大量に使ってある。これは何か重要なものかも知れぬと思われたので、一枚一枚丁寧に剝して見た所が、何種類かの典籍と、相当数の文書類とになった。その中で、片仮名書の古いものは、内容から見て『古今集』の古注であることが分り、帝塚山短期大学の水木直箭氏によって整理調査され、活字翻刻が帝塚山短期大学紀要第三号（昭和四十年十二月刊）に発表された。（但しこの古注がどのような性質のものかは、未だ十分に明かでないようである）その他の中に、件の『成唯識論述記』があって、これは写本ではなく、古刊本であり、しかもその中の一枚に「長承二年（一一三三）三月八日未時移点畢興福寺住僧信守之本也」願以此功徳生々開恵眼」という識語があり、平安時代末期のものであったというわけである。この述記の一類が、全部で百三十枚程ばらばらになっており、その一部は既に石田氏、及び地元の郷土史家大橋老人の努力によって、相当の分量が繋ぎ合されていたのであるが、未だ多くのものは一枚一枚が別々になっているままで、前後が不明なのであった。

奥の間に通されて、このばらばらの古刊経を拝見し、又、剝して未整理のままで長持に詰込んであった反古の山を見せて頂いた。ごみだらけになりながら反古を大まかに分けて見た所、江戸時代の大阪の醸造関係の商店とのやりとりの手紙や書付の類が大多数を占め、その他は江戸期の四書集注の刊本の類で、その古文書類も別に有用な研究資料になることが見込まれたから、それは一括して別におき、愈々肝腎の述記の古刊本と取組むことになった。

見て行くと、どうも版が一種類でない。何種か別のものが交っているらしい。又内容も、『述記』ばかりではないように思われる。長沢先生は、早速天理図書館に連絡され、『大正新修大蔵経』の第四十三巻、論疏部四を取寄せられた。館員の金子氏が早速その巻を持って馳附けられた。百余枚のばらばらのものを、版の違うもの毎に見分けて分類する。これも中々厄介な仕事だが、版の上下の高さが、異版になると僅かずつ喰違うことが多いから、これが大きな目印になる。同じ黒色でも、その墨色が少し許り濃いのや淡いのがあるのも、見分けるきっかけになる。こうして分類したものを、更に、紙と紙との継目、これが、本来の糊附の部分から分割されているものもあるし、それでない他の部分から引裂かれているものもある。裂かれたものの方が、継目がよく分って前後繫ぎ合せるのには便利である。『成唯識論述記』といっても全部で二十巻あり、『大正新修大蔵経』で上中下三段にギッシリ組まれて全部で百五十頁から二百頁もある。仏教学には門外漢の私共にとっては、その一枚一枚が、第何巻のどの部分に当るのかを突止めるのは、容易な業でない。昼から掛った仕事も中中渉らない。その中に長沢先生が、中の一枚について

「これは『成唯識論述記』ではない。『成唯識論掌中枢要《しょうちゅうすうよう》』だ」

と言われた。見ると成程、掌中枢要の序文の一部である。述記だと思っていたのは、中に巻首の一枚に首題が記されているものと、巻尾の二枚に尾題が記されているものとがあったからで、それで巻第三本《もと》・巻第三末《すえ》・巻第六末・巻第九本があることが判っていたのである。こうなって来ると、述記以外にも別な本が交っているわけで、いよいよ厄介なことになった。一月末大寒の最中で、ストーヴはあっても夜が更けるにつれて寒さが身に沁みる。遅くまで頑張ったが、その晩はどうしても終らず、就寝する。その夜はばらばらの古刊経と同宿である。

翌朝、長沢先生は名古屋へ御用があるということで、辞去された。国鉄郡山駅までお見送りして、又舞戻って私一人で取組んだ。それでも努力の甲斐あって、『成唯識論述記』の分は大体全部巻数を突止めることが出来、『掌中枢要』も大体判明し、その他に更に『成唯識論演秘《えんぴ》』巻第五の一類があることにも気附いた。しかし、どうしても分らないものが別に二括残った。その内の一括は、どうも『妙法蓮華《みょうほうれんげ》経玄賛《きょうげんざん》』ではないかという感じがする。この本には、別に石山寺本の古い点本があって、

中田祝夫博士によって全巻が紹介、訳読されている著名な文献なのであるが、どうもこの中で見た文と似ている。しかし手許に本文がないから、確認出来ない。他の一括も、版が同じようだから、同巻かとも思われるが、この方はどうも自信がない。

そこで私だけもう一晩泊めて頂き、その翌日、この二括を携え、石田氏と同道で天理図書館を訪れた。富永館長にお目にかかって御挨拶してから、大正蔵経を閲覧して、ここかと見当をつけた辺を調べた。やはり、見当は違わず、巻第六の中頃で一致した。他の一括も、暫く見て行く内に、同じ巻の、すぐ前の部分であることが判った。下張に使ってあったため、別の紙が版面に重って貼付いていて、境目がはっきりしなかったのであった。これで成功。全部素姓を明すことが出来た。ささやかではあるが、これも発見だ。こんな瞬間の嬉しさは、多分経験した人でなければ判らないだろう。

帰途は車で、富雄川の辺など案内して頂いて夕刻石田氏宅へ戻り、早い夕食を御馳走になり、それから京都へ出て、新幹線で夜遅く帰京した。

結局、今回の調査で、この古版経の一類は、

㈠成唯識論述記　　巻第三末《すえ》　一巻
㈡同　　巻第六末　一巻
㈢同　　巻第九本《もと》　一巻
㈣同　　巻第三本　一紙

㈤同　　巻次未詳　一紙
㈥成唯識論演秘　巻第二本　九紙
㈦同　　巻第五本　九紙
㈧成唯識論掌中枢要　巻上　一巻
㈨妙法蓮華経玄賛　巻第六　一巻

の九巻ということになった。識語のあったのは、この内の㈢、㈣の二巻あって、

㈢成唯識論述記　巻第九本　一巻　十五紙
（奥書）（朱筆）
長承二年三月八日未時移点畢　興福寺住僧信守之本也
願以此功徳　生々開恵眼

㈣成唯識論述記　巻第三本
（奥書）（墨筆）
□（延慶か）三年庚戌八月日於□移点了

のようなものであるが、これらは何れもその年記に書かれたもので、㈢は院政時代、㈣は鎌倉時代のものであることは確実である。その巻々の訓点、これは多くは朱筆で、中には僅かではあるが墨筆を

使ったものもある。それらは何れも識語と同じ筆であるから、夫々院政・鎌倉時代の訓点であることが判る。

識語や訓点は、その版が印刷されてから後で附けられたことは勿論だから、逆に言えば、これらの版は、刊記はないけれども、この識語よりも前に印刷されたものであることが確かであり、紙質や版面の状態から見て、識語の年代よりも少し許り前か、大体同じ時代と考えて、大過はないように考えられた。

又、他の六巻については、刊記も識語もないけれども、幸なことに、すべての巻に訓点があるので、その訓点も一つの大きな手懸りとなって、大体、上に記したように、院政初期（西暦十一世紀末頃）から鎌倉時代の初頃までの刊行、及び加点ということが、大体判明した次第である。

所で、この刊経は誰が印刷したものであろうか。又、その訓点はどのような人の加えたものであるのか。大屋徳城氏の『寧楽刊経史』はこの方面での名著であって、平安末期から京都・奈良で経典の開版が行われたことを述べ、現存する最古の遺品は石山寺に蔵する『仏説六字神咒経』一巻で、天喜元年（一〇五三）の年号の書入があるから、それ以前の開版であることを言われ、次いで承暦四年（一〇八〇）の年記ある『法華経』、続いて正倉院聖語蔵の『成唯識論』巻第十の一巻で寛治二年（一〇八八）の刊記があるものを挙げられた。はじめの二点は、多分京都地方で、後の『成唯識論』は奈良興福寺で開版したものである。奈良での開版の本は、この後、

成唯識論了義燈　一帖（高野山正智院、永久四年〔一一一六〕の墨記がある。）

成唯識論述記　十三巻

　日光天海蔵（巻第二の奥に、養和二年〔一一八二〕伝得の識語がある。）

法華摂釈　五巻

　東大寺図書館蔵（安元二年〔一一七六〕・治承二年〔一一七八〕の奥記がある。）

などが紹介されている。勿論、この石田氏所蔵のものは学界未知のものであったわけで、古刊経史に貴重な資料を加えることになったのである。石田氏本の識語に見える信守という僧については、未だ詳ではないが、その使用した訓点を調べて見ると、仮名とヲコト点とを使用しており、そのヲコト点は、前に三一頁で示したものと同じものであって、点図集にいう「喜多院点《きたのいんてん》」である。この「喜多院点」というヲコト点は、中田博士によって明かにされたように、平安初期以来使用された由来の古い種類で、南都の法相宗の学僧の間で使用されたものである。

　長承の頃、喜多院点を使用していた寺としては、具体的には、興福寺・法隆寺、それに中川成身《なかのかわじょうしん》院《いん》などがあるが、中心は興福寺と考え得る。そして、この版経の内容を見ても、『成唯識論述記』『成唯識論掌中枢要』『成唯識論演秘』は、何れも護法菩薩の造った『成唯識論』の注釈であり、その『成唯識論』は、法相宗が依拠する最も重要な経典である。又『妙法蓮華経玄賛』は、唐の慈恩大師窺基の撰したもので、『妙法蓮華経』を法相宗の立場から解釈したものである。そのようなわけで、これらの古刊経は何れも法相宗学の書物であり、又そのヲコト点は、何れも同じ喜多院点であって、その訓点は興福寺などの学僧の加点したものと見る可能性が極めて大きい。更に石田氏の談によれば、この屏風の出所は、奈良の興福寺関係からの由であって、恐らく平安鎌倉時代から伝えられていたこの古経巻が、明治初年の排仏毀釈の頃にでも捨てられ、下張りとして使われていたのが、再び百年を経て世に現れたと見ることが出来そうである。

明治初年には、奈良の諸大寺から、貴重な典籍が流出したり滅失したりしたものが、随分に多かったらしい。その頃に貴重な古文献を蒐蔵した鵜飼徹定師の達識には誠に敬服するばかりで、師の古経堂に蔵せられた古経巻には逸品が多いのであるが、一方では、風呂の焚付にされてしまった古経も少くなかったであろう。又、或いはこのように下張で文字通り陽の目を見ないままで眠っているものも、或いはまだどこかにあるかも知れない。

ただ残念なのは、首尾が完全に揃ったものが一巻もないことであった。もとはもっとよく揃っていたが、十二面の中の、失くなってしまった一面があれば、きっともっと良く揃ったものをと、惜しまれてならない。ひょっとして、その一面だけが、どこか奈良の町外れの古い家の物置の隅にでもありはしないだろうか、などと想を馳せたりもする。

それにしても、この下張の古書に着眼され、それを慎重に保存整理された石田氏を始め、氏を援けられた大橋氏等の見識に対しても、敬意を表するものである。

私は、これらの経巻を前後を揃えて、仮に糊附をして巻子本の形を整えただけで辞去したのであるが、その後、同じ年の四月に、京都での調査旅行の途次、小林芳規氏と同道で一寸お邪魔した際、再び拝見すると、きちんと表紙を附けて整備し、箱に納められてあった。その折の石田氏のお話では、この年の三月七日、『成唯識論述記』の識語の日附の日に、態々興福寺の多川乗俊管長に嘱して、僧信守の供養を懇に営まれたとのことであった。

信守の霊も、六百余年の後に知遇を得て、さぞかし喜んでいることであろう。

尚、これらの経巻は、後に天理図書館に納められたと伺った。

一〇　ついに完成した古点本の解読

興福寺の山門

古訓点本はその多くが古寺に蔵せられていることは、上に述べて来た通りであるが、それらが国立博物館に寄託されていることがある。東京国立博物館、京都国立博物館、奈良国立博物館などでは、方々の寺社や個人の蔵書家の美術品で、国宝や重要文化財に指定されたものが多数寄託保管されているが、それらの中には、優れた古訓点資料も少くないのである。それらを調査する際には、所蔵者の承諾と同時に博物館当局の許可も得ねばならない。そして多くの場合は、博物館で拝見することになる。このようにして調査することの出来た訓点資料も数多いのであるが、殊に長年月に亘って調査させて頂いたものに、『大慈恩寺三蔵法師伝』十巻がある。

この本は南都の古刹興福寺の所蔵の古鈔本で、巻第一の奥に

延久三年（一〇七一）七月十三日書写之時酉尅初点也

という書写年代を記した識語があり、平安時代の古写本であって、『大慈恩寺三蔵法師伝』の諸本の中で現存する本の中で最も古い写本であり、しかも全巻十巻具備していること、本文の秀れていることから、戦前既に国宝に指定されており、戦後は重要文化財となり、以前から東京国立博物館に保管されていた。

この本を始めて見ることが出来たのは、もう二十年も昔のことになる。昭和二十四年の頃、未だ大学を卒業して間もなくのことであった。中田祝夫先生のお伴をして上野の博物館を訪れ、堀江知彦先生の御世話で、始めてこの訓点本を拝見した。

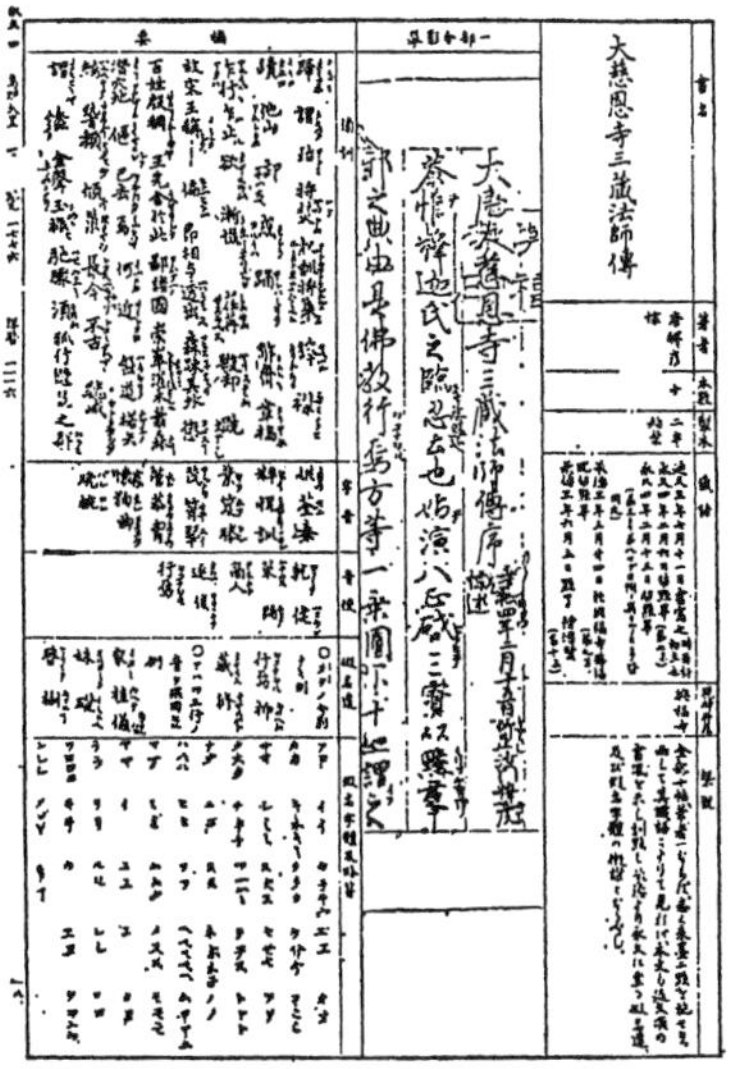

『仮名遣及仮名字体沿革史料』第19面

既に大矢透博士の名著『仮名遣及仮名字体沿革史料』の中に、その一部分が紹介されており、又、吉沢義則博士の編纂された『点本書目』にもこの奥書が収載されている。これが優れた資料であることは、広く知られている事柄であり、私もその名は知っていたが、初めて原本を拝見したのは、この時であり、一見して、その訓点の詳細なことに驚いた。

興福寺の調査

訓点資料の点数は極めて多く、平安時代のものだけでも、学界に知られているものは三千点以上になるかと思われる。尤も、その多くは、短い儀軌の類であり、ヲコト点も仮名も粗雑で、傍訓も全巻から集めてさえも僅か数語にしかならぬようなものが多い。

一方、この『三蔵法師伝』のように、全巻に亘って詳しい訓点が附けられているものもあって、本書の一巻分の傍訓だけでも、優に、彼の儀軌の類の百冊分以上にも当る程の分量を持っているものである。

そこで、この点本の詳しい研究をして見ようと思い立った。興福寺管長多川乗俊猊下の御許しを得、堀江先生の御高配によって、この本の調査を始めた。

その頃、写真撮影を始めたばかりで、コニカI型のカメラと接写装置とを持って博物館に通い、失敗を重ねながら何とか全巻の撮影を終った。しかし、本文の一部には、墨点と朱点との両方が加点してあり、写真では、墨点は見えるけれども、朱点の方は非常に薄い灰色でしか出て来ない。朱点にも色々あって、今日普通に使うような濃い朱ならば、写真でも相当良く読めるけれども、古点本の場合の朱は、そのように濃いものばかりではない。非常に淡い朱で、よほどよく見ないと、朱点があるのかないのか判らない位のものがある。そのようなものは殆ど写真では駄目である。その他墨点でも、一度書いた上を更に後からなぞって書いてあったりすると、写真だけでは、書直されたもとの文字が何であるか、虫喰との区別が判らないし、虫喰の穴があると、符号との見分けがつき難くなってしまう。それで、調査を徹底的にするためには、写真とは別に、全文の訓点をノートに手で写して置く必要がどうしても起って来る。

丁度その頃、東方文化学院京都研究所（現在の京都大学人文科学研究所）で作成された『大慈恩寺三蔵法師伝』の校本（高麗板を写真凸板として底本としたもの）を手に入れることが出来たので、これを原文としてこの余白に仮名の訓点を書入れることにした。

最初の巻第一から巻第六までは、大体墨筆の仮名だけで、しかも訓点も比較的粗なので、それ程時間もかからなかったけれども、巻第七から巻第十までの四巻は、墨筆と朱筆とが重ねて加点されている上、その朱点は極めて淡くて、解読が相当に困難である。その上、この朱点は、紙背に多くの漢文の注記が書加えてあるが、これが又細かい字で非常に読みにくい。

このような次第で、中々渉らなかったけれども、前後三ヶ月に亘って博物館に通い、何とか移点の業を畢えた。次に、この移点本と写真とを基にして、全文の訳読文を作り始めた。訳文の御手本は、故春日政治先生の大著『西大寺本金光明最勝王経古点の国語学的研究』の本文篇である。ただ、春日博士の本は平安初期の白点本であって、漢字の四声を示す声点が附いていない。それに対して、この本には極めて多くの声点がある。これは、当時の漢字のよみ方の一面を示す貴重な資料であるから、どうしてもこれを文字に表す方法を考えなければならない。最初は、ただ「塗。。炭」のように記して見たが、これでは句読点と紛れ易いので、「塗。(平)。炭（去）」のように、一々（　）の中に四声の名称を入れて記すことにした。

かようにして、約二ヶ年を要して、やっと一往の訳文を作り畢えた。しかし内容の難解な部分が多い。旅行記の部分は、古代の印度や中央アジアの地名、人名、仏教の用語の音訳語などが沢山あり、又、後半の上奏文の部分は、四六騈儷体で、故事来歴を踏えた文が連続していて、文章の意味の理解出来ない所が多い。甚しい所は、どのように返読して良いか分らない所さえある。

とにかく、傍訓、送仮名が大変詳しく附けてあるので、全文を殆ど完全に近く訓み下すことが一往出来たわけである。次に、これを基にして、国語学的な考察を試みる段階になった訳だが、結局、それを徹底的にするには、一々の事項について、この文献の中に存在する用例を全部、漏れなく集めて論じなければならない。そのためには、この総索引を作る必要がある。しかしその語数は、大ざっぱに見積って、助詞や助動詞を除いて、体言・用言など所謂自立語だけで約六万五千語位ある。簡単に出来上る仕事ではない。それに、このような訓点資料の訳読文の索引というものは、未だ一つも公刊されたものがない。春日博士や中田博士の大著には若干の和訓や漢字の索引があるが、比較的簡単なものである。この総索引に着手するまでには、相当の決心を要した。

先ず西洋紙を十六枚に切ってカードを作り、単語と、点の種類（ⒶⒷⒸⒹⒺⒻの六種がある）と巻数と原文の行数とをゴム印で示した。このカードを入れるのに、縦三〇糎、横二〇糎程の木箱が十四箱ほどになった。西洋紙の厚さは一糎で約百枚あることなどを知った。カードは図書館用の図書カードなどがよく使われるが、一枚について色々な事項を沢山書込むことは便利だが、この場合のように、一枚毎に書込む分量が少くてしかも枚数の多い時は、整理する際の便利さの点から、小型で薄いものが良い。しかし、それにも限度があって、あまり小さ過ぎると紛失の虞《おそれ》が多くなる。それで結局、このような大きさが一番手頃なものという結論になるようだ。

カードを取るのは無味乾燥な仕事で、つい他の事に心が外れてしまうものだ。しかしうっかりすると取る単語を飛ばしたり、ひどい時は一行抜かしたりしてしまう。注意深くカードを取ることは、一語一語入念に読み返して行くようなもので、その作業を終えたころには、内容を憶え込んでしまうことが多いものである。

一度取ったカードは、全部再点検しなければならない。この段階で、思いがけぬ脱落や誤りを発見することが多い。

再点検の済んだカードは、次に分類に移る。漢字索引も作らねばならぬのだが、第一に必要なのは語彙索引だから、語彙の五十音順に配列することにした。しかしこの場合困惑したのは、漢語（字音語）の取扱いであった。漢語を一々忠実に発音順に並べようとすると、思い掛けない難関に突当る。第一は、その発音である。漢音と呉音とで字音が異るものが多いが、「二空」「二人」などの「二」は呉音で「ニ」と訓むのか、漢音で「ジ」と訓むのか、分らない。「大臣」「大山」などの「大」は漢音の「タイ」か呉音の「ダイ」か不明である。一つでも漢字に仮名附けした例のある語ならば、それに従って、仮名附けのないものも訓みを統一するという手があるが、「二」や「大」のように、一つも仮名附けの例のないものは、他の字音の用法から類推するより他に仕方がない。

もう一つの困難な問題は、加点の種類の相違をどうするかということだった。この点本には、詳しく見ると、都合六種類の訓点がある。即ち、

Ⓐ種点……巻第一の前半、朱点、延久—承暦（一〇六九—一〇八一）頃
Ⓑ種点……右と同じ部分、墨点、右と同時頃
Ⓒ種点……巻第七・八・九・十の四巻、墨点、承徳三年（一〇九九）、興福寺僧済賢の加点
Ⓓ種点……右と同じ部分、朱点、右と同じ頃、Ⓒと同人の加点か
Ⓔ種点……巻第一の後半から巻第六の巻尾まで、墨点、永久四年（一一一六）
Ⓕ種点……巻第一・二の両巻、墨点、嘉応二年（一一七〇）

のようになっている。これらの点には、Ⓐ点とⒷ点Ⓕ点、Ⓒ点とⒹ点のように、同じ部分に重ねて加点されているものもあり、又、前後約百年の隔りがある。尤も、Ⓕ種点の嘉応二年点というのは、分量が極く僅かであるし、内容的にも明かに他種の点と違っているから、はっきりと区別することが出来るが、残の五種類の点が、内容的に互に性質が異るものなのか、それとも同類のものなのか、少くとも一寸見ただけでは全く区別がつかない。このような場合には、各点を混合してしまっては、若し、各種の点の間に内容的な区別があるとしても後になってからその区別を発見することが出来なくなってしまう。それで、手間はかかるけれども、先ずⒺ種点だけで索引を作って清書をすませた。この際、四百字詰の原稿用紙を上中下三段に分けて、Ⓔ種点は上段に記した。その後、別にⒸ種点だけをさらに索引を作って、同じ原稿用紙の下段に記した。ⒶⒷⒸⒹⒺⒻの五種類の内、ⒶⒷⒸⒹの三種類は、何れも分量が少く、ⒸとⒺとが大部分を占めているからである。

このような仕事は、口で言えば易しいが、カードも五万を越すと、厖大な時間と労力と、それに、単調な機械的な作業に耐え得る忍耐力が必要なものである。しかも、それは単に機械的に終るものではなく、作業を注意深く進めて行くならば、必ずその途中で種々の問題点に気附くものである。手伝の人を頼めば、仕事は早く上るけれども、このような副産物は期待出来なくなるわけである。

とにかく、前後約七年を費して、やっとこの索引を大体完成させることが出来た。その次の目標は、この索引を基にして、この古点の語彙の体系を調べることである。語彙の一覧表を作り、それを品詞別に分類した。そして、その頃までに公刊されていた、『源氏物語』の総索引と一々対比させて、どの程度の語彙が重複し、どの程度喰違うかを、数字の上で確かめて見ようとした。十年前には、卒業論文の折、自分の作った訓点語彙と、『雅言集覧』とを比較したのであったが、それはどちらも、基になった文献の種類が複数であり、訓点資料にしても、和文脈資料にしても、年代の上では新しい古いがあり、原文の性質も区々であったが、今度は、『三蔵法師伝古点』という、院政初期の単一の資料であって、その意味で資料の純粋性がはっきりと打出されて来た。又、『雅言集覧』は、多くの文献に亘っているが、その語彙を網羅している保証はないし、本文批判の上で必ずしも純粋と言えない。その点、『源氏物語大成』の総索引は、本文批判も一往成し遂げられており、又語彙は網羅されている。『三蔵法師伝古点』を、訓点資料の代表的文献と見立て、それに対して、『源氏物語』を、和文資料の代表的文献として、両方の資料の純粋性を立てて、この二つを比較したわけである。

その結果は、卒論の時に試みたものと比べて、大筋では喰違うことはなかったが、数字の上で相当はっきりと出て来た。殊に、品詞別にそれを調べて見ると、面白い結果が出た。『三蔵法師伝古点』にあって『源氏物語』にない語彙を「訓読特有語」とし、それが『三蔵法師伝古点』全体の中で、何%位の割合で現れるかということを調べた。

一番極端なのは、接続詞で、二十三語中全部が訓読特有語になる。即ち、『源氏物語』には現れない語だということになる。具体的に言えば、『三蔵法師伝古点』に出て来る、カルガユヱニ・ココニ・シカレドモ・シカルニ・ソレ・タダシなどの語彙はすべて『源氏物語』に使用されていない。逆に、『源氏物語』に出て来るすべての接続詞は、『三蔵法師伝古点』に出て来ないということなのである。「されば」「されど」「さるは」「さはあれど」「さて」など、すべてこの類に相当するものである。

次に多い割合を占めるのは、陳述副詞・程度副詞などといわれるものである。副詞と呼ばれている一類の語を、更に分類して、情態副詞・程度副詞・陳述副詞などに分けられたのは、故山田孝雄博士であって、文中で果す機能は、夫々に大いに違っている。陳述副詞とは、マサニ（当）……ベシ、アニ（豈）……ムヤ、イヅクンゾ……ムのように、文末に必ず一定の語の来ることを要求する副詞である。又、程度副詞とは、ヤヤ、スコシ、スコブルのように、物事の程度を示すものである。所で、これら陳述副詞・程度副詞も、訓点特有語が非常に多く、その比率は前者は約九〇％、後者も五〇％を越えている。上述のように、マサニ（当）……ベシ、アニ（豈）……ムヤ、イヅクンゾ……ムの他にも、ケダシ（蓋）……、アヘテ……セズ（不敢……）など多くの語彙がある。

これらのことを一往纏めて、論を展開したのが「訓点語彙の一考察」（国語学第二十七輯、昭和三十一年十二月）である。

この本の全文の訳文と、その総索引と、更にその国語学的研究とを、刊行することは、年来の念願であった。幸い、文部省の科学研究費刊行助成金が交付されることになって、東京大学出版会から出版されることになった。最初は二冊で二年がかりの計画であったが、仕事を進めて行く内にとても二冊では収まらないことが判明し、遂に三冊三年がかりということになった。第一冊が訳文篇、第二冊が索引篇、第三冊が研究篇で、昭和三十九年から刊行の準備を始め、昭和四十二年春になってやっと全三冊が完成した。二十年来の重荷を下した感じだった。恩師時枝先生のお宅に伺って、その頃小康を得ておられた先生に謹呈することが出来た。先生はその年秋、病が再発され、十月末に遂に逝去された。お元気な折に私の仕事の一往の区切りを御覧頂いたことか、せめてもの慰めであった。中田先生にも一本を差上げ、非常に喜んで下さった。

下原稿は前から大体は出来ていたわけだが、いざ活字にするとなると、慊《あきた》らないことばかり多くて、索引篇や研究篇などは、殆ど全部増補訂正書直しをすることになってしまった。今回は、仕方なくて、若い方々の助力を仰いだ。東洋大学の峯岸明氏、茨城大学の白藤礼幸君、東大助手の山口佳紀君、東大大学院の秦尚義君などは、煩雑な校正、索引や清書などに献身的な助力を惜しまれなかった。炎暑の東京を避けて、信州別所温泉で合宿して仕事を進めたときのことなど、懐しい思出となった。これら有能な諸君の協力がなければ、この本は決して完成出来なかったと思う。改めて心からの感謝を捧げたい。更にこれにも劣らず、この貴重な原本の研究に温い協力を賜った興福寺管長の多川乗俊猊下、東京国立博物館の堀江知彦先生・小松茂美博士、採算を度外視してこの困難な出版を快く引受けられ、永年に亘って努力された、東京大学出版会の理事石井和夫氏、成田良輔氏、斎藤至弘氏など、多くの方々の御好意をも忘れることが出来ない。又、私事に亘ることではあるが、両親が、年老いながら共に元気でこの完成を見守っていてくれたことは、この上なく嬉しかった。この年になって、やっと少しばかり親孝行が出来たような気がした。

『大慈恩寺三蔵法師伝』の古点は、確かに訓点資料として、極めてすぐれたものである。しかし欠点もないわけではない。その最も大きな点は何かというと、一つは、この点が本から移点された年代は大体明記されているけれども、肝腎の祖本そのものの性質が判っていないということである。その点だけで言えば、法隆寺本の方が、大治元年（一一二六）の加点で、加点年代は少し下るけれども、その祖本も興福寺別当になった経尋（一〇五九又は一〇六〇—一一三二）の持っていた本だということが判っていて、却って優れた面もある。ただこの本は全巻残っていない等の大きな欠陥があるのである。

他の一つは、これは総索引を作って、用例を検討している中にだんだん判って来たことであるが、時折、移点の態度が粗雑であって、誤って点を移したという部分がある。これは、移点者自身が、はっきりと読解していなかった証拠であって、国語資料としては、種々の点で差支えが生じるものである。

第一の点、即ち、この点の祖本がどのような性格のものであるかについては、『三蔵法師伝』の古点本が他に発見され、又、古点本相互間の比較研究が進められて行けば、或る程度は直接に証明出来るかも知れないが、これは早急には期待出来ないことである。しかし、『三蔵法師伝』以外の古点本の訓法の伝流を系統的に調査し、その系統に、教学全体の中でどのような分派があるのかが判明すれば、それから類推して、この古点の伝流も或る程度推定出来るかも知れない。このような見通しが、段々立てられるようになって来た。

訓点資料の言語は、その当初から多かれ少かれ翻訳的であり、文語的であった。それが平安時代後半には、はっきりと口語的な言語と対立するまでになった。しかしその際の文語的な言語が、果して西暦何年頃の口語を反映しているのか、また、各時期における口語と文語との差異は、どう変遷して来ているのか、又、訓点の言語の伝流はどのようになっているのか、これらが、今後の訓点研究の課題となって行くであろう。そして、それに伴って、『三蔵法師伝』古点の研究も、更に一段の飛躍が期待され得ると思うのである。

一一　仮名の祖先をさぐる

訓点資料を取扱って、それから得られる国語史上の事実には、種々の方面のものがあるが、先ず第一に、仮名の歴史がある。

仮名には平仮名と片仮名とがあることは、言うまでもないのだが、その起源や発達の歴史については、明確な知識を持つ人が案外少いように思われる。

平仮名は弘法大師、片仮名は吉備真備が作ったという伝説は、随分古くからあることで、殊に、平仮名の場合は、平安時代の末頃から、広く信じられていたことらしい。片仮名についても、中世から既にその説が見えている。しかし、明治末年以来の大矢博士の研究、それに引続いての春日博士の研究などによって、平仮名も片仮名も、平安時代の初頃から起った文字であり、又、一個人の作であることは否定されている。そして、その起源については、大きく分けて二つの流れがあることも明かになった。一つは、古文書、消息（手紙）などの類であって、漢字の万葉仮名を極端に書崩して行って、平仮名が作り出されたものである。これは、仮名文の流れであって、和歌や和文の仮名文学黄金時代へ続いて行くのである。そして他の一つが即ち、この訓点資料の世界なのである。漢文に訓点を書入

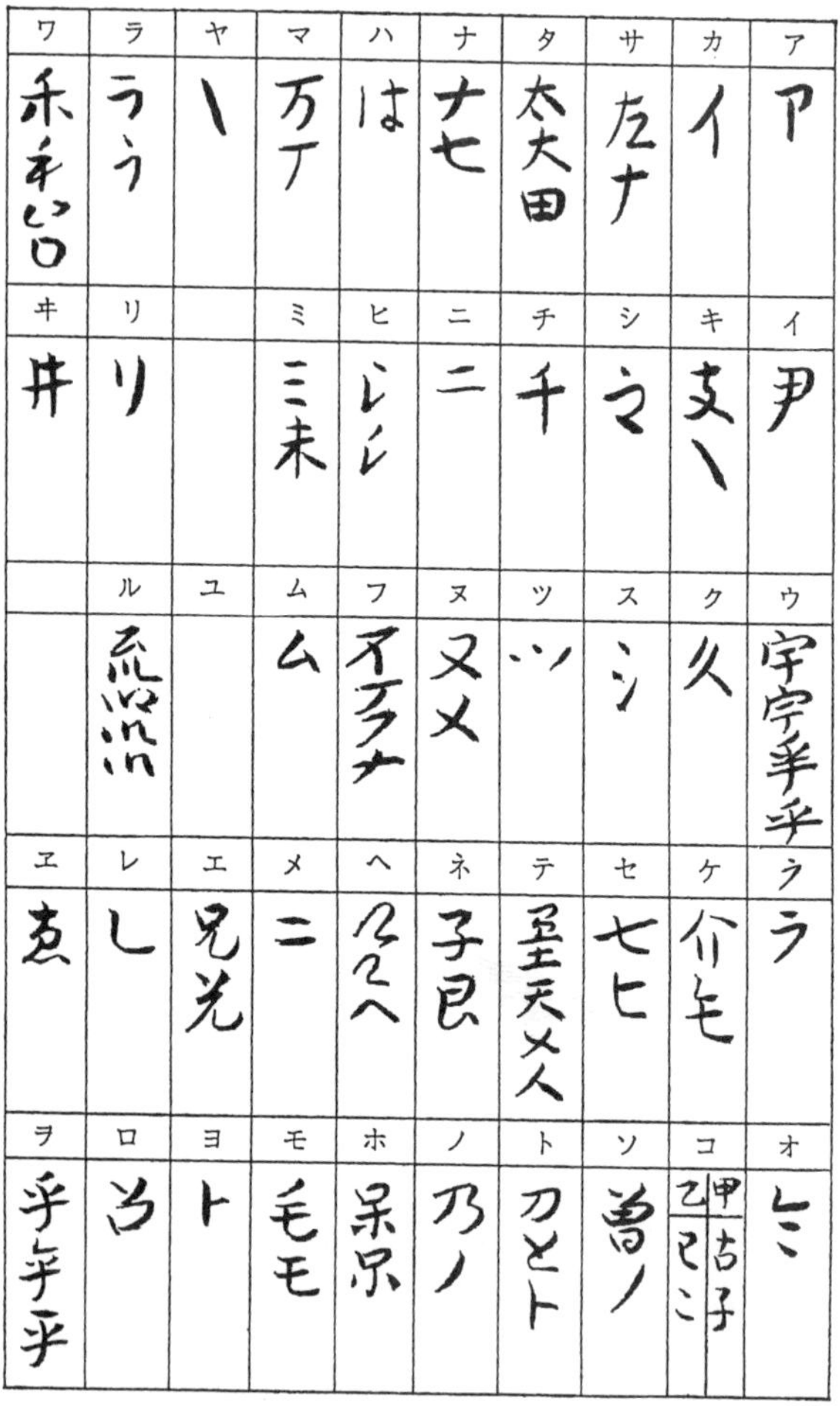

山田嘉造氏蔵『弥勒上生経賛』平安初期古点所用仮名字体表

れる際、前に述べたように、仮名とヲコト点とが使用されたのだが、その仮名というのは、時代と共に移り変りがあった。最初、訓点の始まった平安初期（西暦九世紀）の極く始の頃は未だ万葉仮名本位であったが、やがて、それを基にして、字画全体を崩して書いたものと、字画の一部を省画して書いたものとが生じた。そして、前者が平仮名となり、後者が片仮名となったのであるが、元来、訓点というものは、漢文の訓み方を心覚えに書き附けておくものであったから、その注記は符号的な性格が強く、万葉仮名の字画全体を書崩すのも、画の一部を省画するのも、本来同じ目的に出たものであった。従って、この二つは、最初は区別しないで併せて使われたもので、平安初期の訓点資料の仮名を整理して見ると、同一の文献の中に、万葉仮名、平仮名・片仮名の三種類が混在しているような形をとっている。しかしそれは却って自然的な状態だったのである。

その頃は、平仮名・片仮名といっても、今と同じような形であったとは限らない。平仮名・片仮名が、今の字体に統一されたのは、実は非常に後のことであって、明治三十三年（一九〇〇）の小学校令施行規則というものによって定められた字体である。平仮名の方は、変体仮名といって、例えば「い」に対して「以」、「か」に対して「可」、「し」に対して「志」、「こ」に対して「古」のようなものが、今でも使用されることがある。片仮名の方は、変体仮名ということはなく、明治の頃には「ネ」に「子」、「ヰ」に「井」などを使ったこともあったが、それ以外には、さほど違ったものは使わなかった。しかし平安時代には、今から見ると奇異な字体の仮名が多数使用されていた。知恩院所蔵の

『大唐三蔵玄奘法師表啓』の古点は、平安初期、八五〇年頃の加点であるが、この中には、例えば

化　霑《チ∴アセリ》　蕭—箪　（化、蕭—箪を霑《ウルホ》セリ）

のような例がある。「チ」は「ウ」で「宇」の下半分、「∴」は「ル」で「留」の古体「㽞」の初の画、「ア」は「ホ」で「保」の旁の「呆」を草書体に書いた「呆」の初の画、「セ」は「セ」で「世」の異体「丗」の最初の画と思われる。このような異体字は、平安初期、中期の頃は、普通に幾らも使われていた。その他の例を少し示しておくと、

キ……支支ち（支から）　さヤ二ヽ（幾から）

ホ……イ｜呆ロア呆小（保から）

ス……｜頁欠ハ（須から）　寸（寸から）

のような状態である。今の字体と比べると、もとになった万葉仮名の漢字（これを字母という）の違うものもあり、又、同じ字母でも、その略し方の違うものもある。

このような異体字は、平安初期に最も多く、平安中期になると、数は少なくなるが、それでもまだ相当に見られる。しかし平安後期を経て院政時代に入ると、異体字は次第に減少し、今日の字体に非常に近くなって来る。院政時代の点本の一つの例として、高山寺所蔵の『大日経疏』の永保二年（一〇八二）の訓点（朱点）の例を示しておく。これは永保二年六月に高野の南別処で点を移したという奥

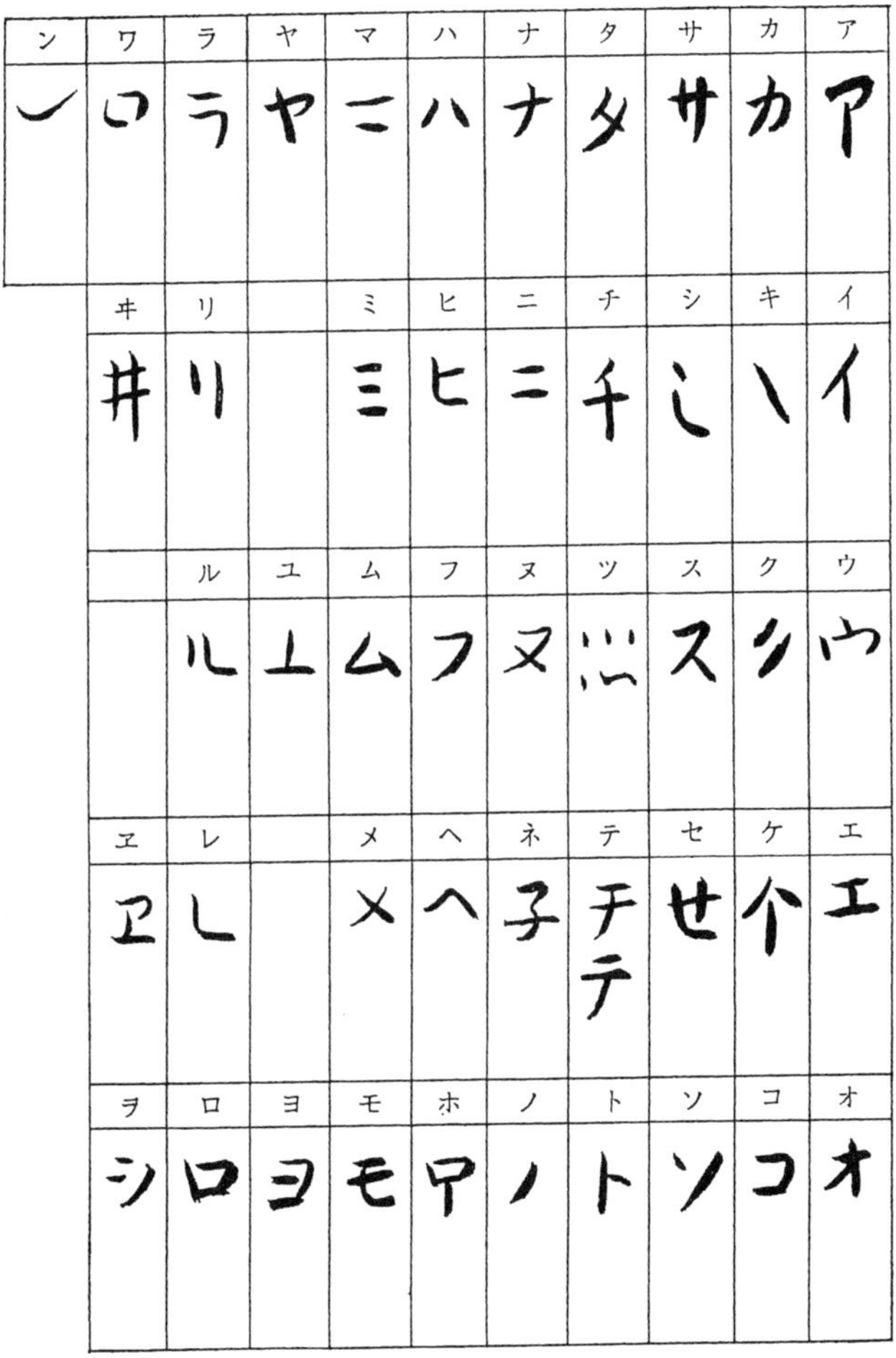

高山寺蔵『大日経疏』永保二年点所用仮名字体表

書があって、東大寺三論宗点を使っているから、高野山にいた真言宗の僧侶の訓点であることが知られる。これとは別に墨の仮名もあるが、その墨の奥書によると、永保二年よりも二十年ばかり後の長治元年（一一〇四）に、理趣房阿闍梨寂円から伝授を受けたという奥書があるから、この系統の僧侶であることも推察される。

この中では、\(キ) 个(ケ) せ(サ) 子(ネ) 乎(ホ) 二(ミ) い(ヲ) のような字体が、今のと違っている。又、今の字体には近いけれども、筆の勢が今と違うものに、了(ア) 宀(ウ) 千(チ) 川(ツ) L(レ) 乙(ヱ) などがある。

仮名の字体は、大体時代と共に変遷するものだから、訓点の年代がはっきりしない場合、字体から逆にその時代を推定することも出来る。例えば、五島美術館の『金光明最勝王経』の白点を見ると

一(イ)　于(ウ)　小(オ)　支(キ)　久ク(ク)

フ(コ)　七(サ)　し(シ)　レ(ス)　人(タ)

午(チ)　乙(テ)　つ(ナ)　乃(ノ)　丁(マ)

女(メ)　人(モ)　せヤ(ヤ)　フ(ラ)　ろ(ロ)

のような異体字が見える。これらの字体が使用されていた時代は、他の資料例から見て、多分平安中期、天暦頃（九五〇頃）と推定することが出来るのである。

このような仮名字体を読解き、ヲコト点を解読して行く折に、何を参考にするかといえば、中田祝夫博士の大著『古点本の国語学的研究　総論篇』の附録の「ヲコト点図録」が一番すぐれており、又

非常に便利なものである。

一二　奇妙な片仮名

八王子から高崎へ通ずる国鉄八高線が、田園の中を走って行く途中に、明覚《みようかく》という小駅がある。そこから西へ約二粁ほどの処に、関東天台の名刹慈光寺がある。

この古寺には、幾つかの名写経が所蔵されている。その中に『大般若波羅密多経』百五十二巻がある。これは平安時代の初期、貞観十三年（八七一）の写経で、昔から著名なものである。

経は、濃い茶褐色の料紙に、端厳な書体で書かれた名写経であって、その紙の色は平安初期のものによく見られるものではあるが、一寸気味の悪い位、どす黒い感じのするもので、丁度護摩を焚く煙で真黒にすすけた護摩堂の天井を思い起すほどであり、何かしら神秘さが漂っているような気がする。所で、その巻末には、各巻ごとに次のような奥書が記されている。

無災殃而不消無福楽而不成者般若之金言真空之妙典被称諸仏之父母聖賢之師範也所以至誠奉写大般若経一部六百巻三世大覚十方賢聖咸共証明我現当之勝願必定成就

貞観十三年歳次辛卯三月三日檀主前上野国権大目従六位下安倍朝臣小水麻呂

この奥書を訓み下して見ると、次のようになろう。

災殃《サイアウ》トシテ消セズトイフコト無ク、福楽トシテ成ゼズトイフコト無キハ、般若ノ金言、真空ノ妙典ニシテ、諸仏ノ父母、聖賢ノ師範ト称セラル、ナリ、コノユヱニ誠ヲ至シテ大般若経一部六百巻ヲ写シ奉ル、三世ノ大覚、十方ノ賢聖、咸《コトゴト》ク共ニ証明シテ、我ガ現当ノ勝願、必定シテ成就セシメタマヘ、

貞観十三年、歳、辛卯ニ次ル、三月三日、檀主前《サキ》ノ上野国ノ権大目《サクワン》、従六位下、安倍ノ朝臣小水麻呂

この一文の大意は、

どのような災難でも必ず消し亡し、どのような福楽でも必ず成就するのは、智恵を説き表された仏の御言葉であり、真理の空を説かれたすぐれた経典の功徳であって、この大般若経は諸仏の父母、聖人賢人の先生と仰がれるものである。それゆえ、真心を尽して大般若経一部六百巻をお写し申し上げたのである。過去・現在・未来にわたっての諸仏、天地東西南北に在す賢聖は、すべて共にこの功徳をはっきりと明し示して、私が現在この世で立てている願いごとを、必ず成就させて下さるようお願いします。

とでもなろうか。文の末の「檀主」とは、この経典を写すことを主宰して費用を出した人、「上野国権大目」とは、国司（地方官）の四等官（守《かみ》・介《すけ》・掾《じょう》・目《さかん》）の第四番目である。その官にあった、安倍小水麻呂という人が、願を立てて、このお経を写したのである。それで、このお経は「小水麻呂願

経」とも呼ばれる。

安倍朝臣小水麻呂という人は、残念ながら国史の上には見出されず、その閲歴は判らない。安倍（時に阿倍と書かれたこともある）は、古く奈良時代以前から歴史上に活躍した人物が多く、その一族かと思われるが、系譜については、明かでない。

『大般若経』は全巻六百巻もある大部の経典である。この小水麻呂の願経も、本来は六百巻あったことと思われるが、古くから寺外へ流出したものもあり、又、この経は子供の疳の虫封じの薬になるといって、経文の字を一字づつ切って子供に服ませたものだそうで、それで失われたものも相当にあったことと思われる。現在では、当の慈光寺に百余巻が蔵せられているに過ぎないが、それでも相当な量である。慈光寺の他、国立国会図書館、東京国立博物館、五島美術館、大東急記念文庫、天理図書館などの諸処に分蔵されているものがある。

私がこの写経を初めて拝見したのは、もう二十年も前のことであったと思う。重要文化財の指定か何かで、国立博物館に来ていたのを、拝見したことがあった。このお経は、前に述べたように焦茶色の料紙が使用されていて、これは平安時代の初期にはよく見かける種類のものであるが、その行間に墨筆で書入れがある。それは、さほど詳細な書入れではなく、巻によっては全く見えないものもあるほどだが、問題は、その書入れの仮名の字体である。非常に奇妙なもので、全く暗号のように見える。例えば、

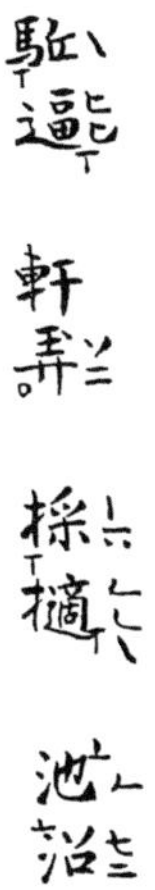

のような調子である。ただこれを漠然と眺めただけでは、何のことやらさっぱり分らないが、同じ形の字を集めて、それが何の音を表しているのかを順々に調べて見ると、例えば右の例でいうと

ヽ……ク　ソ……ロ　ニ……ウ　丨……サ　ホ……イ　ム……チ　ヽ……ヤ

ヒ……t（入声字韻尾）

のようなものだということに見当がつくのである。従って、

ヽヒヒはクヒチ、ソニはロウ、丨ホムヽヽはサイチヤク、ムセニはチセウ

のように読まれる。この他、舌内入声尾、即ち「蝎《カチ》」「溢《イチ》」のように―tで終る字音は、その韻尾―tを表すのに、ヒという変った符号を使ったり、平上音入の四声点を示すのに丄又は丅という声点を使ったりしている。これらも何れも他に例のないものであって、この点の特異性の表れである。その仮名字体の一覧表を作って見ると、一六二頁の表のようになる。

この仮名は、何時代のものか、特に年号も記してないから、はっきりとは判らない。ただ、墨筆を使っている点から見ても、少くとも平安初期ではないことだけは言える。平安初期は、必ず白点又は朱点であって、墨点は、平安中期又はそれ以後に限られるものである。

この仮名字体表の中で、次の字は、普通一般の点本と同じ字体である。

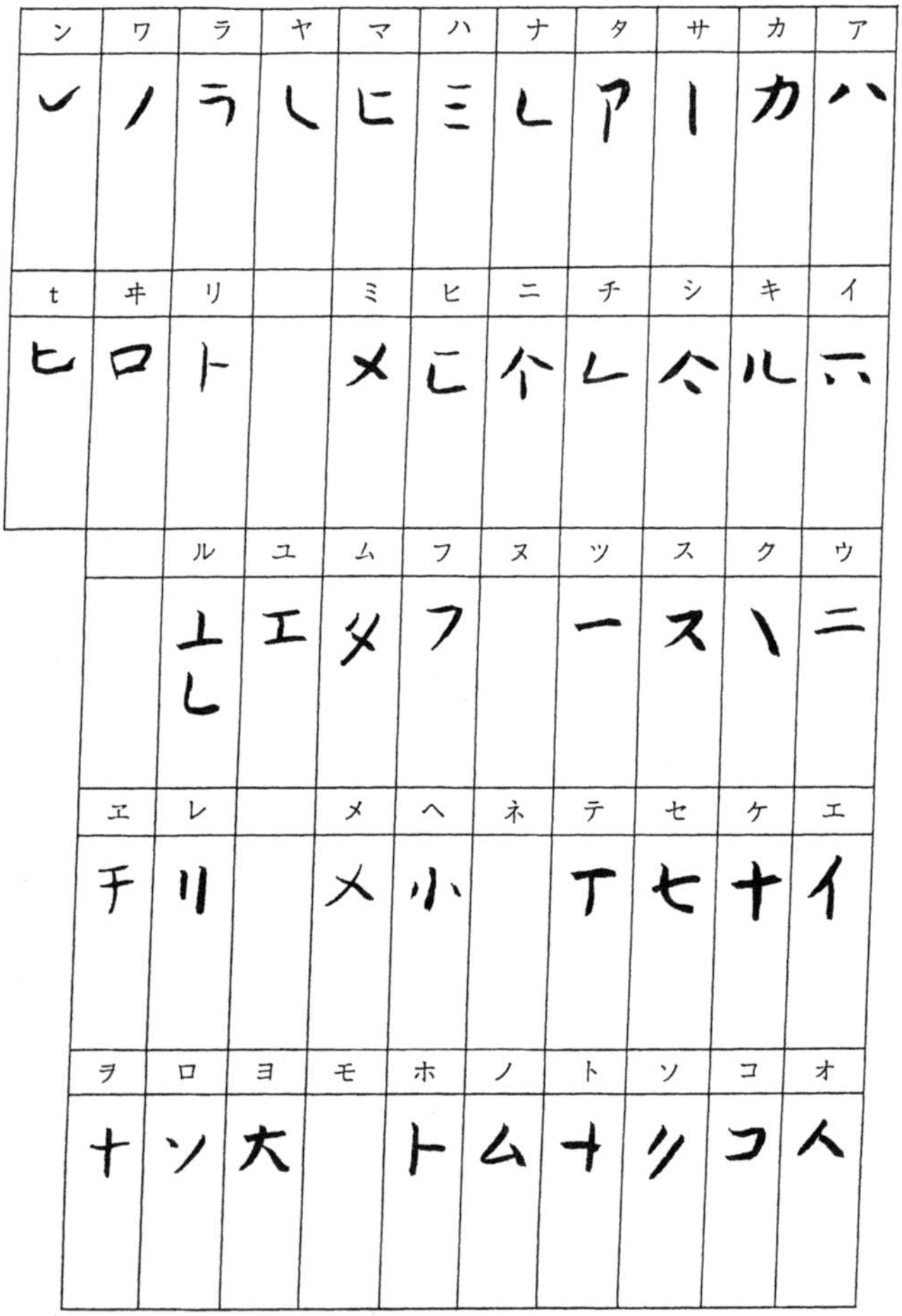

慈光寺本大般若古点所用仮名字体表

カ(カ)　十(ケ)　コ(コ)　ス(ス)　セ(セ)　フ(フ)　メ(メ)　ラ(ラ)

この他、ケを十と書いているが、これは、今から見ると一寸変っているけれども、平安時代には、さほど珍しい字体ではなかった。

その他の字体は全く変っていて、直接その字母に当る万葉仮名の字体が推定出来ないし、又、一音節に対して一字体に統一されていること、などを考え合せると、もと何か別の仮名の体系があって、それを暗号の符号のように、手を加えてわざと判らなくしたものではないかと推測されて来る。

例えば、アにハの字体を使っているが、これは多分、もとハの字体であったのをアに転用したものであろう。イのホは恐らくもとはスの字体であったと思われる。ウのニは于の初の二画と見られなくもないが、多分ニの仮名であったのを転用したのであろう。エのイはイ又はカ、オのㅅはチ又はスの仮名である。かようにして見て行くと

ル(キ)↓ル	ヽ(ク)↓キ	ｌ(サ)↓ス	ㅅ(シ)↓オ	ク(ソ)↓ク	ア(タ)↓ア
ム(チ)↓ニ？	レ(ナ)↓モ？	个(ニ)↓ケ	ム(ノ)↓ム	ミ(ハ)↓ミ	小(ヘ)↓ホ
ト(ホ)↓ト	ヒ(マ)↓ヒ	メ(ミ)↓メ	ソ(ム)↓タ	エ(ユ)↓エ	大(ヨ)↓タ
ト(リ)↓ト？	ㅗ(ル)↓ユ	レ(ル)↓レ	川(レ)↓リ	ソ(ロ)↓ソ	ノ(ワ)↓ノ
ロ(ヰ)↓ロ	チ(ヱ)↓ウ	十(ヲ)↓ケ			

のようになる。それで、このもとの字体と推定したものを、一覧表にして見ると、一六四頁の表のよ

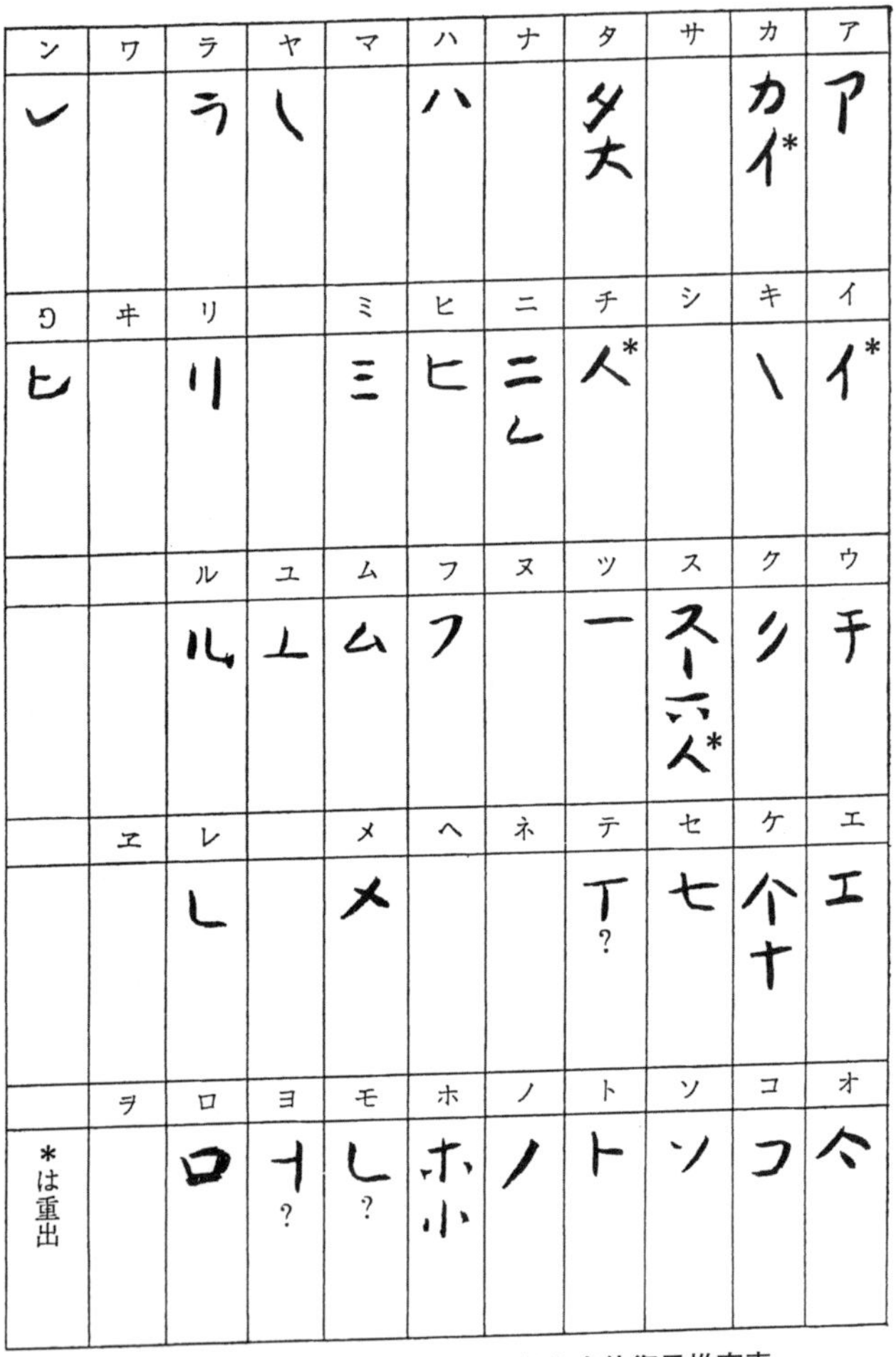

慈光寺本『大般若経』古点所用仮名字体復元推定表

うになって来るのである。

このような仮名字体は、平安時代中後期（西暦十世紀から十一世紀）にかけての頃のものと考えられる。この内、現在通用の字体と違うものを抜出して、その当時の他の訓点資料の中から、これと同じ字体を探して見ると、次のようになる。

（オ）……弥勒上生経賛朱点（平安初期）（第四群点）
法華経化城喩品平安初期点（第一群点）
蘇悉地羯羅経（延喜九年〈九〇九〉）（西墓点）

十（ケ）……大日経随行儀軌（天暦二年〈九四八〉）（西墓点）
金剛界儀軌永延元年〈九八七〉点（西墓点）
大日経広大成就儀軌（永延三年〈九八九〉）（第六群点）

（ス）……金光明経文句平安中期点（第三群点）
金剛頂瑜伽護摩儀軌平安中期点（西墓点）
唯摩詰経平安中期点（仁都波迦点）

丨（ス）……蘇悉地羯羅経延喜九年（九〇九）点
三性義私記延長六年（九二八）点（仮名点）

大（タ）……成唯識論述記延長六年（九二八）点（第二群点）

厶（ニ）……蘇悉地羯羅経延喜九年（九〇九）点
一（ツ）……周易抄寛平九年（八九七）頃（第五群点）
小（ホ）……成唯識論述記延長六年（九二八）点
㇏（ヤ）……蘇悉地羯羅経延喜九年（九〇九）点

大体、十〜十一世紀頃の訓点資料で、しかも、西墓点のヲコト点を加点したものが比較的多いことが注意される。

中田祝夫博士は、南都唐招提寺所蔵の『三種悉地陀羅尼』に附せられた仮名の字体が、この慈光寺経と同類のものであることを論ぜられ、その字体表を示された。（『古点本の国語学的研究 総論篇』）これによると、慈光寺経とは完全に一致しているというのではないが、イの仮名に「⺍」、ウの仮名に「ニ」、オの仮名に「人」、キの仮名に「ル」、クの仮名に「㇏」、シの仮名に「亽」、タの仮名に「ア」、トの仮名に「ナ」、ハの仮名に「ミ」、ホの仮名に「ト」、マの仮名に「ヒ」、ヨの仮名に「大」、ルの仮名に「ユ」を使っている点、両者共通している。中田博士によれば、この点本のヲコト点は西墓点を使っている由である。

結局、この仮名字体は、既に一往出来上っていた仮名の体系を、適当に入替えて使用したもので、一種の暗号のようなものであったのであろう。そして、『三種悉地陀羅尼』が西墓点のヲコト点を使っていることから見て、その加点者は多分、天台宗寺門派の僧侶であったと考えられるが、それと同じ字体を使っていることからして、この『大般若経』の訓点も、天台宗寺門派の人々の加えたものと見る可能性が強いのである。

この『大般若経』ほどではないけれども、もう一つ、仮名の字体が一寸変っている訓点資料がある。それは、東大寺図書館所蔵の『百法顕幽抄』である。

この本は大きな巻子本一巻であって、その書写年代は平安時代の初期かと見られる名写経であるが、その訓点は、多分平安中期、十世紀に入ってからのものらしい。巻末に

巨唐会昌三年（八四三）十月廿一日上都資聖寺写畢　惟正記
貞観十四年（八七二）二月廿五日聴聞畢　比丘令秀
伝法師　前入唐求法　惟正大和尚
（別筆）伝受比丘喜静謹記

という識語がある。貞観十四年に聴聞し畢ったというのであるから、これから単純に考えると、如何にもその年に加えた訓点であるかのように思われるが、よく見ると、そうではないようだ。というのは「貞観十四年」の「貞」の字の右肩に茶褐色の筆で「＼」の印の符号が書加えてある。（これを「合点《がつてん》」という）そして、その茶褐色の筆は、本文に加えられた訓点と同じ筆蹟である。この符号があることは、それが貞観ではなくてそれよりも後世の人が、もとあった奥書を転写したものであり、従ってこの訓点は、貞観よりも下った時代のものと判断しなければならなくなるのである。

けれども、この訓点は、恐らく、右の識語に見える所の、惟正、令秀、喜静などの人達の末流の僧侶であることには違いない。そして、惟正は、智証大師円仁の高弟であるから、この本が天台宗寺門派のものであることも確かである。即ち、上の『大般若経』と恐らく同系統の僧侶のものと思われる。

この本の仮名の字体表は一六九頁のようである。

この字体は、『大般若経』ほどひどく技巧を弄したものではないが、決して自然に発達した字体とは考えにくい面を持っている。平安初期から中期末期に至る間に、他に全く用例のない変った字体が、特別に多いのである。その中でも、

アイオカキケコスセソチ（第一の字体）テ（第二の字体）ハム（第二の字体）レロ

などは、全く他に例を見ない独特なものである。アの字体にとあるのは、恐らく「阿」の字の草書体の「」に基いたものだろうが、もとの書体のままでなく、それを多分に楷書的に直している。カも、その行書体から、コ（第二の字体）もその草書体から、セもその草書体からというように、字源が辿られる。

このような字体は、明らかに作為的であって、自然発生的な字体とは、とても考えにくい。『大般若経』ほどではないけれども、それと同じ作為的な傾向が、ここにも現れていると見ることが出来よう。そしてそれが、共に天台宗寺門派の学僧の手に成ったものらしいことは、特に興味深いものがあ

東大寺図書館蔵『百法顕幽抄』古点所用仮名字体表

るのである。

中田祝夫博士は、キの字体に「ㇷ」という形を使うのは、西墓点の点本だけに見える特殊な現象であることを発見され、仮名字体も特定の流派の中にだけ伝わるもののあることを論ぜられた。「ㇷ」はもともと「幾」の草体である「き」又は「き」の最後の画を取ったものであって、「幾」という万葉仮名の字母そのものは決して珍しいものではないが、その略し方が他流には使用されないものなのである。西墓点の点者、即ち天台宗寺門派の坊さんにはこのように、故意に異を立てるようなところが、確かにあったのである。

ところで、このような奇妙な作為的な仮名字体を、どうして使用したのか、全くわけがわからない。他の点本では、普通の仮名字体を使っているのに、この『大般若経』、『三種悉地陀羅尼』や『百法顕幽抄』だけが、殊に暗号的な字体を使ってその訓み方を秘密にしておかなければならないという理由が判らないのである。院政時代に入ると、宗派が小さく分立したり、教義の秘密性が強くなって行くが、その時代になっても、数多くの訓点資料の中に、このような変った字体のものは一つも現れて来ないのである。

ただ一つ思い当ることは、天台宗という宗派一般に、一種の独創性というか、創意というか、そのようなものが、他の宗派に比べて強いという事実である。天台宗は、ヲコト点の上でも、西墓点のような複雑なヲコト点を他宗に魁《さきが》けて逸《いち》早く作り出したし、又、宝幢院点というヲコト点を、他のヲコト点を基にしながら色々に工夫を加えて、殆ど他点とは無関係かと思われるほどに形を変えて、新しいものを作り出した。その複雑さは、他に比類がない。又、天台宗の中でも、殊に山門派（比叡山）の方では、宝幢院点が一番勢力があったが、それ以外にも他の点を様々に変形した種々のヲコト点が、極めて多く使用されていたと思われる。これも一面から云えば、創造性、独創性の強く働いていた一つの現れと見られよう。訓法の内容も、法相宗や真言宗と比べて、非常に新しい面が多く、逆に言えば、古い語法を伝えていることが少いのである。仮名の字体についても、或る程度これと同じような傾向があったのではないか。平安中期（西暦十世紀）ごろの訓点資料の仮名字体を調べて見ると、法相宗系統のものなどは、平仮名的な字体がまだ相当に使われており、又、一音節に対して二つも三つも異った字体を使っていることが多いのだが、天台宗のものは、省画体（片仮名）が早くから普及し、又一音節に対して一字体の傾向が早くから見られるのである。

このような、創意工夫に満ちた傾向の一つの現れが、この奇妙な仮名使用ということになったのであって、多分、一時の思付きか何かで、一寸変ったことをして見ようという程度の動機によって、使い始められたものではないかと、私は想像したいのである。若し、これが内容的に重要で、他に絶対に漏してはならぬというような事情でもあるとすれば、恐らくその訓点の伝来の事情を、巻末にでも記しておいた筈だと思われる。それが全く見当らないのであるし、又、仮にこれが他流の人々に対する秘密の点であったとしても、その内容は漢字音の内でも呉音系統の字音であって、殊に他と変った点があるわけではないから、若しこれを見た他流の人でも、少し考えれば、その謎（？）を解く鍵は、さほどの苦労なしに、見つけ出されたはずであろう。その点から言っても、これを秘密の点とすることは、やはり疑問だと私は思う。

因《ちなみ》に、宝幢院点というヲコト点について見ても、これが、一見他のヲコト点と極めて変っていることは異論ないけれども、それが全く無関係だというのではないし、又、鎌倉時代以降には、（秘密のことは愈々やかましくなって行った時代である筈なのに）「点図集」の中に、この宝幢院点も立派に入っている。この点図集には種々の異本があり、本来、それを編纂した人にも様々あって、法相宗系、天台宗系、真言宗系などの諸本があったらしいのだが、天台宗系以外の僧侶の編纂したと思われる点図集の中にも、宝幢院点の訓点は詳しく載っている。このことから考えても、このヲコト点が秘密であったとは、私には一寸考えにくいのである。

かようなわけで、この『大般若経』古点の奇妙な字体も、案外一時的な気まぐれか何かで、さほど意味深重なものとも思われないのであって、最初の書出しほど、面白そうな話に展開することもなしに終ってしまうことは、一寸拍子抜けのような感じがするが、これも致し方ないことである。

それにしても、この仮名を書込んだ坊さんはどんな人だったろうか。このお経そのものが、上野国の国府の役人であった安倍小水麻呂の願経なのであるから、関東で書写されたものと考えることが出来よう。慈光寺は武蔵国であって、上野国ではないけれども、その近くであり、関東でもこの界隈《かいわい》は古くから比較的文化が開けていた所と思われるから、このような大部のお経の書写も行われたのであろう。訓点も、現存する資料の大部分は畿内で加えられたものであって、関東の地でも加えられた訓点というものは、確かなものは未だ知られていないのだが、この古点などは、正にその例外ということで、平安時代の地方文化史の一齣《ひとこま》として、その点で案外重要であるかも知れない。その坊さんというのが、前にも云ったように、唐招提寺の『三種悉地陀羅尼』の古点と同じ字体を使っていて、天台宗寺門派の坊さんであるとすれば、或いは、都から遥々と下って来て、国府に講師としてでも在任したのであったろうか、そんな想像を馳せても見るのである。

二三　濁音符の起源をたどる

濁音符というのは「ガ」や「じ」のように、片仮名又は平仮名の清音の仮名の右の肩に付ける「゛」の符号であって、これによって濁音を表すのである。今日では、日常茶飯の事であるが、この符号が、何時頃、誰によって作られたのか、又、それはどのように発達して現在に至ったのか、ということについては、従来、あまりよく判っていなかった。

ただ、大矢博士の『仮名遣及仮名字体沿革史料』の中で、このような種類の符号――その形は、現在のものとは少し違う場合が多いのだが――の例を幾つか抜書して示されており、更に、それらを基として、星加宗一氏が、昭和八年四月の『国語と国文学』誌上に「濁音符の成立について」という論文を載せておられる。この他、春日政治博士なども若干述べられた所があるが、平安時代の頃から既にその萌芽があり、十一世紀頃から訓点資料の中に見られること、などが大体判明していた程度であった。

今日では、片仮名でも平仮名でも、一様に濁音符を必ず使用することになっている。しかし、第二次大戦中までは、法律や公文書などには使われないこともあったし、江戸時代以前になると、一般の場合にも使用されないことが多い。時代が上ればその傾向は一層強く、平安時代の文献などでは、寧ろ濁音符は極く稀なものである。殊に平仮名で書かれた文献は、古文書、消息、歌集、古筆切などの形で、平安時代に書かれたものも相当に残っているが、それらの中には、濁音符を使ったものは全く一例も見当らない。鎌倉時代に入ると、濁音符のある平仮名の文献も、ぽつぽつ例があるが、平安時代には全く皆無なのである。濁音符の起源を探るためには、どうしても、訓点資料を渉猟するより他に方法がない。

かような事情で、大分前から、訓点資料を見る度毎に、濁音符のことは気にかけていた。昭和二十四年の夏に、中田先生のお伴で東寺の聖教を調査した折、中田先生が：印の濁音符の古い例を発見された。それは、『大日経広大成就儀軌』という経典の訓点であって、

という例である。この点本は、西墓点を使用しており、巻末には康平二年（一〇五九）と延久二年（一〇七〇）との識語がある。この訓点が、康平の筆なのか延久の筆なのか明瞭でないけれども、延久の識語には僧覚念が「実相房に従ひ奉つて読み奉つた」と記してをり、実相房とは三井寺園城寺の学僧頼豪（一〇〇二―一〇八四）を指すと考えれば、この訓点は頼豪の弟子、天台宗三井寺の僧によって記されたことになるのである。

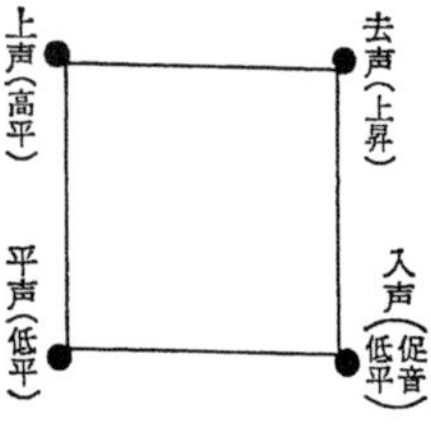

この例で、はワ、子はネであって、「盤」の字をワカネテと訓じ、そのカに濁音符「∶」を附して、カでなくてガであることを示したのである。ただ今と違うのは、右肩でなくて左肩に附けてあることであり、又、カ以外のワ・ネ・テにも単点「・」が附けられていることである。実はこの「・」と「∶」とは、本来アクセントを示したものなのであって、一般に上の図のような音の高さを示したものである。即ち、左の下は平声で低く平ら、左の上は上声で高く平ら、右の上は去声で始め低くて後に高くなる上昇調、右の下は殆ど例がないが、促音でしかも低く平らな音を示す。そして、場合によって「・」だけのこともあり、「・」と「∶」とを併用して「・」で清音を、「∶」で濁音を示すこともある。

色々点本を見比べて行くと、このような点（これを「声点」という）が、仮名に附いているのは、西暦十一世紀、平安後期よりも古いものは見当らないように思われた。

昭和三十四年の夏、この時も中田先生のお伴で、石山寺を訪れた。鷲尾光遍僧正にお目にかかり、『大般若経字抄』などを調査したが、その折、『成唯識論』の古点本をも拝見することが出来た。

このお経は全部で十巻あり、奈良時代の名写経である。もとは巻子本であったが、江戸時代に修繕して、その際、折本に改装して十帖としたものである。全巻に白点が附いているが、この白点は相当明瞭なものである。巻第十の奥書に、

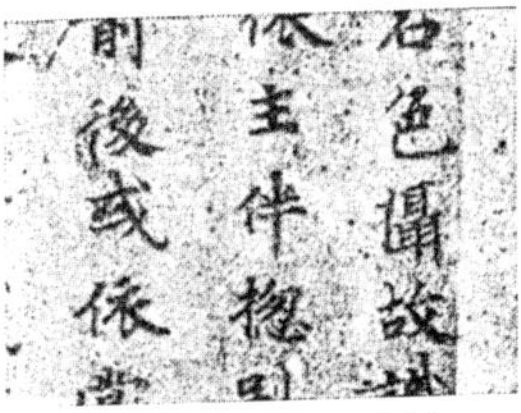

「伴」の「ハ」の濁点

寛仁四年七月十四日於東大寺東北院北房読了　僧（草名）

師五師平□

とある。この本は、古く大矢博士が『仮名遣及仮名字体沿革史料』に掲載しておられ、学界著名の文献である。そして、大矢博士は、この中から、

という例を取上げ、「ハ」の右肩に「、」点のあることを示しておられる。

この点は、先程述べた「・」「:」の点とは、全く性質の違うもので、第一に形が「・」ではなくて「、」であるし、又、位置が「・」は多く平又は上で文字の左側であるのに対して、これは右肩に附いている。このような符号は、他にも二三例があり、以前に早く春日博士は、これが高野山又は高野山関係の点本に特に著しく表れていると述べておられた。とにかくこの『成唯識論』の例が一番古いものに当る筈であったから、是非原典に当って確めて見たかったのである。巻第八の中に、

依主伴《ハム》惣別勝劣因果相異

とあって、「伴」の右の仮名「ハ」の左肩の所にVのような形の筆蹟がある。しかし更にこれをよく見ると、右の線は濃く、左の線は薄くて、同じ白点ではあるけれども、別の筆である。この本の白点は、実は一筆ではなくて、二筆か三筆あるらしいのである。とにかく、「ハ」の右肩に、を打った例

が寛仁四年（一〇二〇）に存在したことを確認することが出来た。

この後、昭和三十八年の夏に宝月・佐和両先生の許で醍醐寺の調査の際に、同寺所蔵の『法華経釈文』の古点の中の、

遶《セウ》　捷公作繞《セウ》　言　語軒《ケン》反

の「セ」「セ」「ケ」の右肩に「、」の点があることが発見された。これは最初、小林芳規氏が見出され、同席の馬淵和夫博士と共に確認したものである。この訓点は、加点の識語はないが、本文と同筆と見られる奥書に、法相宗の学僧真興の筆で「先師中公」と書かれており、その「中公」とは、真興の師匠であった松室中算のことである。「先師」というのだから、既にその折は故人となっていたのであるが、中算の歿したのは貞元元年（九七六）であるから、この本もそれ以後に写されたということになる。しかし真興自身が寛弘元年（一〇〇四）に寂しているから、それ以前であることは確かであり、何れにせよ、先程の『成唯識論』の訓点よりは年代が若干古くなり、これが現在最古の「、」印の濁点ということになって来た。

真興は南都法相宗の学僧であるが、真言宗をも併せ修学しており、真言宗である高野山とも交渉があったらしい。一方、先に述べた『成唯識論』も、東大寺の点本である。大体、興福寺—東大寺—高野山というのは、一連の関係があって、互に交流があったらしい。ただ、天台宗系統が、これらと大きく対立していたことは、仏教史の方面からも言われることなのであるが、この濁音符一つを取って

見ても、右肩に「、」を打つだけで濁音を示す方式は、大体、南都の古宗（法相宗、三論宗等）と高野山（真言宗）との僧侶の間に行われ、これに対して、アクセントを示しながら「・」と「:」とで清濁を示す方法は、主として天台宗に行われた、と纏められるようである。

尤も、このような対立関係は、大体十一世紀の、院政時代に入る前ごろまでであって、その後になると、例えば、興福寺本の『大慈恩寺三蔵法師伝古点』のように、両方の方法を併用するものも出て来るのだが、これは、院政の始めごろから、次第に、南都真言宗系の教学と天台宗系との教学とが融合するような方向に進んで来たことの一つの現れと見るべきものではなかろうか。

所で、この後、院政から中世に下るにつれて、右肩の「、」の符号は衰えて、「・」及び「:」が次第に力を得て来る。そして、鎌倉時代に入ると、片仮名ばかりでなく、平仮名の和歌や物語などにまでもこの「・」及び「:」を用いるようになって来る。最初はこれがアクセントを示していたわけだけれども、後アクセントを考えず、単に「:」を附けて濁音を示すだけの機能が次第に強くなって来た。しかし、中世末ごろまでは、依然として「:」は仮名の右側でなくて左側に附けることが多かったが、後、右に移って、今のような形に至ったのである。これが一般的になったのは江戸時代のようである。

実は詳細に見ると、片仮名に附ける符号にはこの他にも「。」「:°」又は「ニ」のようなものもあり、又、後世それが変形して行った経過も複雑なのであるが、主な伝流の跡を辿れば、大体右のようなことになると思う。

このような濁音符号というものが、抑々《そもそも》最初どうして考え出されたものなのか。これは恐らく漢字に付けた声点が本であって、それから仮名まで応用されて行ったものであろう。所でこの種の漢字の声点は、中国が発明されたものなのか、それとも日本で創始されたものか、遽《にわ》かに決し兼ねるが、日本では、平安初期（九世紀）には声点を附けた例が殆どなく、九世紀の極く末頃、宇多天皇宸翰の『周易抄』に見える漢字の声点が最古の資料である。音韻の清濁を論ずることは、多分悉曇《しったん》の学問から生じたものであろう。悉曇とは古代インドの文字であるが、仏教の経典で陀羅尼《だらに》などの表記に頻りに用いられ、それを読解するために、この学問はどうしても必要だったのである。その学問は、音韻を詳しく研究したもののようで、我が国語の語音についても、それと関聯して種々の意味で反省の機会が多かったことと思われる。所でこの悉曇学は、先ず天台宗で勃興した。この学問が、言語の音韻を重んじたことから、四声の声調とか、清濁とかを明瞭に表記する方式が天台宗の中で最初に考え出されたのではないかと考えられるのである。

古点本関係の主要文献

大矢　透『仮名遣及仮名字体沿革史料』（明治四二　国定教科書共同販売所）〈平成一七　勉誠出版〉

同　『地蔵十輪経元慶点』（大正九）

同　『成実論天長点』（大正一一）

同　『願経四分律古点』（大正一一）（以上四点　昭和四四複刊　勉誠社）

吉沢義則『点本書目』（岩波講座日本文学　昭和六　岩波書店）

同　『国語国文の研究』（論文集　昭和二　岩波書店）

同　『国語説鈴』（論文集　昭和六　立命館出版部）

春日政治『西大寺本金光明最勝王経古点の国語学的研究』（斯道文庫紀要第一　昭和一七　岩波書店、昭和四四複刊　勉誠社）〈春日政治著作集6　昭和六〇　勉誠社〉

同　『古訓点の研究』（論文集　昭和三一　風間書房）

同　『仮名発達史序説』（岩波講座日本文学　昭和八　岩波書店）

同　『片仮名の研究』（国語科学講座　昭和九　明治書院）

同　『国語叢考』（論文集　昭和二二　新日本図書株式会社）

遠藤嘉基『訓点資料と訓点語の研究』（昭和二七　京都大学国文学会、改訂版昭和二八　中央図書出版社）

同・広浜文雄『新版点本書目』〈昭和三二　明治書院〉
中田祝夫『古点本の国語学的研究　総論篇』〈昭和二九　講談社〉〈改訂版　昭和五四　勉誠社〉
同『古点本の国語学的研究　訳文篇』〈昭和三三　講談社〉〈同前〉
同『東大寺諷誦文稿の国語学的研究』〈昭和四四　風間書房〉〈同前〉
同『正倉院本地蔵十輪経巻五・七元慶点』〈昭和五四　勉誠社〉
鈴木一男『初期点本論攷』〈昭和五四　桜楓社〉
大坪併治『小川本願経四分律古点』〈昭和三三　訓点語と訓点資料別刊第一　第九輯〉
同『訓点語の研究』〈論文集　昭和三六　風間書房〉
同『改訂訓点語の研究』上下〈平成六・一〇　風間書房〉
同『訓点資料の研究』〈昭和四三　風間書房〉〈再刊　平成二八〉
春日和男『存在詞に関する研究』〈昭和四三　風間書房〉
築島　裕『平安時代の漢文訓読語につきての研究』〈昭和三八　東京大学出版会〉
同『興福寺本大慈恩寺三蔵法師伝古点の国語学的研究　訳文篇』〈昭和四〇　東京大学出版会〉
同『同　索引篇』〈昭和四一　東京大学出版会〉
同『同　研究篇』〈昭和四二　東京大学出版会〉
同『平安時代語新論』〈昭和四四　東京大学出版会〉
同『日本語の世界』5仮名〈昭和五六　中央公論社〉
同『平安時代訓点本論考』ヲコト点図仮名字体表〈昭和六一　汲古書院〉

同　『平安時代訓点本論考』研究篇〈平成八　汲古書院〉

同　『訓点語彙集成』1〜8・別巻〈平成一六〜一七　汲古書院〉

小林芳規　『平安鎌倉時代に於ける漢籍訓読の国語史的研究』〈昭和四二　東京大学出版会〉

同　『角筆文献の国語学的研究』〈昭和六二　汲古書院〉

同　『角筆文献研究導論』上中下・別巻〈平成一六〜一七　汲古書院〉

門前正彦　『立本寺蔵妙法蓮華経古点』〈昭和四三　訓点語と訓点資料別刊第四〉

西崎　亨　『高野山西南院蔵訓点資料の研究』〈平成七　臨川書店〉

同　『東大寺図書館蔵本「法華文句」古点の国語学的研究』本文篇・研究篇〈平成四・一〇　おうふう〉

同　『訓点資料の基礎的研究』〈平成一一　思文閣出版〉

松本充隆　『平安鎌倉時代漢文訓読語史料論』〈平成一九　汲古書院〉

同　『平安鎌倉時代漢文訓読語解析論』〈平成二九　汲古書院〉

吉田金彦・築島裕・石塚春通・月本雅幸編　『訓点語辞典』〈平成一三　東京堂出版〉

高山寺典籍文書綜合調査団編　『高山寺資料叢書高山寺古訓点資料』第一〜四〈昭和五五〜平成一五　東京大学出版会〉

訓点語学会編　『訓点語と訓点資料』（雑誌　季刊→年二回刊　昭二九〜　訓点語学会　第一四三輯まで既刊、他に別刊、特輯号あり）

『古代日本語発掘』を読む

沖森卓也

訓点とは、漢文を訓読する際、その読み方を書き記した仮名や符号などを総称していうもので、これを「点」とも呼ぶ。今日の漢文訓読では、漢文に振り仮名・送り仮名とともに、レ点や一二点などの返り点が付されるのが通例であるが、古くはヲコト点という符号も用いられた。このような訓点を書き込むことを、加点（または施点）といい、簡単なものは奈良時代末から平安時代極初期に行われるようになった。そのうち、古い時代の訓点を古点と称するが、これはおもに平安時代のものをさす。古く漢文を訓読する場合に用いられた日本語を訓点語、訓点を書き記された資料を訓点資料という。すなわち、本書旧版のカバーに記されていた副題「古点本の謎をさぐる」とは、平安時代の訓点資料をわかりやすく解説するという意となる。

訓点語は、平安時代では和歌や物語など平仮名による作品で用いられたことば、すなわち和文語と語彙・語法・文体などに違いがあり、訓点には用いられて、平仮名文学では原則として用いられない語があることは今日では広く知られている。この「訓読特有語」の存在を初めて提唱されたのが、本書の著者である築島裕博士である（本解説の執筆者にとって恩師であるゆえ、ここでは「博士」という敬称を使うこととする）。

博士は一九二五年十月、東京に生まれ、東京府立一中（現、東京都立日比谷高校）、第一高等学校を経て、東京帝国大学文学部に入学された。卒業、そして大学院に進まれた後、中央大学に奉職され、一九五八年から東京大学教養学部、一九六四年からは同文学部で教壇に立たれた。一九八六年に停年退官された後は、一九九六年まで中央大学で教えられ、二〇一一年四月に逝去された。

本書の三に「訓点資料というものがあることは、大学に入る前から知っていた」と記されているように、その学問研究の道は早くから定まっておられた。そして、漢文訓読特有語の存在を発見し、四百字詰原稿用紙九百余枚の卒業論文「平安時代の漢文訓読の研究」にまとめられた。その後、この論を発展させ、さらにいくつかの論考を加えてまとめられた『平安時代の漢文訓読語につきての研究』で一九六一年に東京大学から文学博士の学位を授与され、一九六三年に刊行された翌年、昭和三九年度日本学士院賞に輝かれた。

本書が刊行される一九七〇年三月の前年、一九六九年六月に『平安時代語新論』（東京大学出版会）が上梓されている。この書は、それまでの平安時代語の研究を一変させる画期的な成果であった。大きく、第一編の総論に続いて、第二編資料論、第三編本論からなり、本論は文字・音韻・文法・語彙という言語研究の基礎分野ごとに考察を加えたものである。注目すべきは、本論が三四四頁を占めるのに対して、資料論が二二九頁にも及ぶことで、その資料編は訓点資料・古辞書で一五五頁、変体漢文と漢字片仮名交じり文で三四頁である一方、それまでの平安時代語研究の主たる資料であった物語や和歌などの和文（平仮名文）資料には四〇頁を費やすのみである。それまで等閑に付されてきた訓点資料等を中心に据え、新たな視座から平安時代語の全貌を再構築したこの書は、斯界の研究者の衆目を集めるところとなった。

さて、本書の執筆は、序に当たる「古代の日本語史―「はしがき」にかえて―」に次のように述べられている。

本書では、この、訓点資料というものの研究をめぐって、私が踏んで来た経験を披露し、それによって、古代の国語というものは、どのようにして研究するのか、又、その研究の結果、どのような成果が現れたか、ということを幾分なりとも一般の方々に知って頂きたいと思うのである。

この執筆意図の背景には、前述した『平安時代語新論』に対する矜恃がある。『平安時代語新論』完成に至るまでの半生を思い出深く回顧することで、それまでの研究生活に一つの区切りを付けたものであろう。以下、目次にそって本書の内容を概観しておく。

一　古点本の謎

古代語、特に訓点語についての研究史を記す。

二　足で発掘する古代日本語

訓点の概要、なかでもヲコト点について説明し、資料の扱い方、調査の方法（訓点の見方、調書の取り方）などを、自らの経験に基づいて記す。

三　資料の海

東京大学に入学し、訓点語の研究をめざすようになった経緯を述べ、訓点資料の調査旅行を重ねることによって研究者として成長していく姿を回想する。

四　一冊の本を求めて

最初の調査旅行の折、京都の東寺で経箱を初めて目にし、師である中田祝夫博士から資料調査の手ほどきを受けたことを回想する。

五　古代語発掘の旅はつづく

薬師寺調査において『大般若経音義』に出会い、その後の研究テーマの一つとなった発端について記す。

六　念願の『大般若経音義』を追う

『大般若経音義』の諸本を探し求め、全国各地に調査旅行をしたエピソードを綴る。

七　高山寺の冬の旅

高山寺に調査旅行をした折、経蔵に案内され、そこが訓点資料の宝庫であることを確信したこと、宝幡院点の発見など、その際に得られた知見の一端について記す。

八　経箱に詰っていたもの

その後、高山寺の古い経蔵の経箱に聖教類の断片が無造作にまとめられているたことに気づき、虫食いがあったり糊離れしていたりする資料を丹念に整理していく過程で、『一字頂輪王儀軌音義』『古和讃集』の古写本を発見したことを回想する。

九　屏風の下張りにあった古経巻

屏風の下張りから発見された、古い摺経の断片に関する調査の依頼を受け、それが『成唯識論述記』などであることを突き止めたというエピソードを綴る。

一〇　ついに完成した古点本の解読

興福寺所蔵『大慈恩寺三蔵法師伝』(院政時代加点)十巻の全文の訳読文、その訳読文の総索引を作成していく経緯を記し、それから得られた知見の一部を紹介する。

一一　仮名の祖先をさぐる

平安時代に発達した片仮名には、さまざまな字母から作られた異体字があり、そこには字体の変遷が見られることから、片仮名字体から訓点の年代が推測できることを記す。

一二　奇妙な片仮名

慈光寺本『大般若経』平安後期点などには、字体を入れ替えた、他に例のない変わった片仮名が用いられているが、それは当時の風潮に異を唱える、天台宗という宗派によく見られる一種の独創性に基づくものかと推測する。

一三　濁音符の起源をたどる

音節のアクセントを示す点（声点）が「∴」というように二つ並べられて濁音を示したのが濁音符の起源で、和語に記されるのは十一世紀中葉の訓点資料からであり、その後中世に入って、アクセント表示の機能を失い、その位置も仮名の左上に固定するようになったことを記す。

右の概要からも明らかなように、思い出深い訪書旅行、大切な人との出会い、思いがけない資料の発見などがエピソードとして鏤《ちりば》められ、調査によって得られた日本語史上の知見の一端がさりげなく記されている。

ただし、この書の内容は博士の研究生活、研究成果のほんの一端を述べているに過ぎない。博士の切符収集趣味は公然の秘密で、『切符の話』（一九六八年刊）と題する著書もあるほどである。それは数え上げるのがほとんど不可能なほどの絶え間ない調査旅行に付随するものであった。そのたびに調査しえた膨大な資料に裏付けられた新たな知見はそのまま学界の定説になるほどであった。調査した資料の数々は前掲の『平安時代語新論』資料編（および巻末の「訓点資料番号一覧」〈番号は博士自身の発案〉）に整理されており、調査にかけられた時間のあまりの量には感嘆の念を禁じ得ない。

また、その精緻な実証的研究による成果は同書の本論に詳しく説かれており、平安時代の文字・音韻・文法・語彙という各研究分野を大きく進展させた。加点年代が明確である訓点資料という性格上、それは特に音韻の研究に著しく、また片仮名の研究にも画期的な知見をもたらした。本書を読んだ後、内容に興味を持たれた方には、『平安時代語新論』を是非とも手に取っていただきたい。本格的な専門書であるため、すぐに読みこなすことは困難ではあろうが、訓点語研究、そして日本語史研究の醍醐味の一端に触れることができるに違いない。このように最後に書き記すのも、博士の本書執筆の意図が本当はそこにあると思われるからである。

（立教大学名誉教授）

本書の原本は、一九七〇年に学生社より刊行されました。

著者略歴

一九二五年　東京世田谷に生まれる
一九五二年　東京大学文学部大学院満期退学
中央大学助教授、東京大学助教授・教授、中央大学教授を歴任
一九九六年　日本学士院会員
二〇一一年　没

〔主要著書〕
『平安時代の漢文訓読語につきての研究』（東京大学出版会、一九六三年）、『平安時代語新論』（東京大学出版会、一九六九年初版、一九七八年復刊）、『訓点語彙集成』八巻（汲古書院、二〇〇四〜二〇〇九年）、『歴史的仮名遣い』（吉川弘文館、二〇一四年）

読みなおす日本史

古代日本語発掘

二〇二一年（令和三）二月一日　第一刷発行

著者　築《つき》島《しま》裕《ひろし》
発行者　吉川道郎
発行所　株式会社 吉川弘文館
郵便番号一一三—〇〇三三
東京都文京区本郷七丁目二番八号
電話〇三—三八一三—九一五一〈代表〉
振替口座〇〇一〇〇—五—二四四
http://www.yoshikawa-k.co.jp/

組版＝株式会社キャップス
印刷＝藤原印刷株式会社
製本＝ナショナル製本協同組合
装幀＝渡邉雄哉

ISBN978-4-642-07149-9

読みなおす日本史

刊行のことば

現代社会では、膨大な数の新刊図書が日々書店に並んでいます。昨今の電子書籍を含めますと、一人の読者が書名すら目にすることができないほどとなっています。ましてや、数年以前に刊行された本は書店の店頭に並ぶことも少なく、良書でありながらめぐり会うことのできない例は、日常的なことになっています。

人文書、とりわけ小社が専門とする歴史書におきましても、広く学界共通の財産として参照されるべきものとなっているにもかかわらず、その多くが現在では市場に出回らず入手、講読に時間と手間がかかるようになってしまっています。歴史の面白さを伝える図書を、読者の手元に届けることができないことは、歴史書出版の一翼を担う小社としても遺憾とするところです。

そこで、良書の発掘を通して、読者と図書をめぐる豊かな関係に寄与すべく、シリーズ「読みなおす日本史」を刊行いたします。本シリーズは、既刊の日本史関係書のなかから、研究の進展に今も寄与し続けているとともに、現在も広く読者に訴える力を有している良書を精選し順次定期的に刊行するものです。これらの知の文化遺産が、ゆるぎない視点からことの本質を説き続ける、確かな水先案内として迎えられることを切に願ってやみません。

二〇一二年四月

吉川弘文館

読みなおす
日本史

鎌倉幕府の転換点 『吾妻鏡』を読みなおす　永井　晋著　二二〇〇円

奈良の寺々 古建築の見かた　太田博太郎著　二二〇〇円

日本の神話を考える　上田正昭著　二二〇〇円

信長と家康の軍事同盟 利害と戦略の二十一年　谷口克広著　二二〇〇円

軍需物資から見た戦国合戦　盛本昌広著　二二〇〇円

武蔵の武士団 その成立と故地を探る　安田元久著　二二〇〇円

天皇家と源氏 臣籍降下の皇族たち　奥富敬之著　二二〇〇円

卑弥呼の時代　吉田　晶著　二二〇〇円

皇紀・万博・オリンピック 皇室ブランドと経済発展　古川隆久著　二二〇〇円

日本の宗教 日本史・倫理社会の理解に　村上重良著　二二〇〇円

戦国仏教 中世社会と日蓮宗　湯浅治久著　二二〇〇円

伊達政宗の素顔 筆まめ戦国大名の生涯　佐藤憲一著　二二〇〇円

武士の原像 都大路の暗殺者たち　関　幸彦著　二二〇〇円

海からみた日本の古代　門田誠一著　二二〇〇円

鳴動する中世 怪音と地鳴りの日本史　笹本正治著　二二〇〇円

本能寺の変の首謀者はだれか 信長と光秀、そして斎藤利三　桐野作人著　二二〇〇円

餅と日本人 「餅正月」と「餅なし正月」の民俗文化論　安室　知著　二四〇〇円

古代日本語発掘　築島　裕著　二二〇〇円

夢語り・夢解きの中世　酒井紀美著　（続　刊）

食の文化史　大塚　滋著　（続　刊）

後醍醐天皇と建武政権　伊藤喜良著　（続　刊）

吉川弘文館
（価格は税別）